KATZE VERMISST

HEYNE

ANMERKUNG ZUR AUTORIN:

Caroline Paul ist Autorin des historischen Romans *East Wind, Rain* und der Lebenserinnerung *Fighting Fire*. Sie lebt mit Wendy in San Francisco.

ANMERKUNG ZUR ILLUSTRATORIN:

Wendy MacNaughtons Zeichnungen sind unter anderem in der *New York Times* und im *Wall Street Journal* erschienen. Sie lebt mit Caroline in San Francisco.

Besuchen Sie auch ihre Webseiten *carolinepaul.com* und *wendymacnaughton.com*.

CAROLINE PAUL
WENDY MacNAUGHTON (ILL.)

KATZE VERMISST

WIE ICH MEINEN KATER TIBBY GESTALKT HABE

EINE WAHRE GESCHICHTE
ÜBER LIEBE, VERZWEIFLUNG
UND GPS-TECHNIK

Aus dem Amerikanischen von Martin Bauer

WILHELM HEYNE VERLAG
MÜNCHEN

Die Originalausgabe erschien 2013 unter dem Titel: *Lost Cat* bei Bloomsbury Publishing, London, New Delhi, New York und Sydney.

Weitere Titel von Caroline Paul: *East Wind, Rain*, 2006 und *Fighting Fire*, 1998.

MIX
Papier aus verantwortungsvollen Quellen
FSC® C020353
FSC www.fsc.org

Verlagsgruppe Random House FSC® N001967
Das für dieses Buch verwendete FSC®-zertifizierte Papier *Tauro* liefert Sappi, Stockstadt.

Deutsche Erstausgabe 01/2015

Redaktion: Amelie Roth, München
Umschlaggestaltung: Hauptmann & Kompanie Werbeagentur, Zürich, unter Verwendung eines Motivs von Wendy MacNaughton
Printed in Germany 2014
Satz: Helio Repro, München
Druck und Bindung: GGP Media GmbH, Pößneck
www.heyne.de

ISBN: 978-3-453-60329-5

ANMERKUNG DER AUTORIN:

Dies ist eine wahre Geschichte. Wir haben damals natürlich nicht genau mitgeschrieben, was gesagt wurde und wann was geschah, aber wir haben alles so wahrheitsgetreu rekonstruiert wie uns irgend möglich. Bitte bedenken Sie aber, dass (1) ich unter Schmerzmitteln stand, (2) seitdem viel Zeit vergangen ist und (3) Menschen in meinem Alter schon ein wenig verwirrt sind.

SAN FRANCISCO

in den Augen

EINER KATZE

wie eine

KATZENHALTERIN

es sich vorstellt

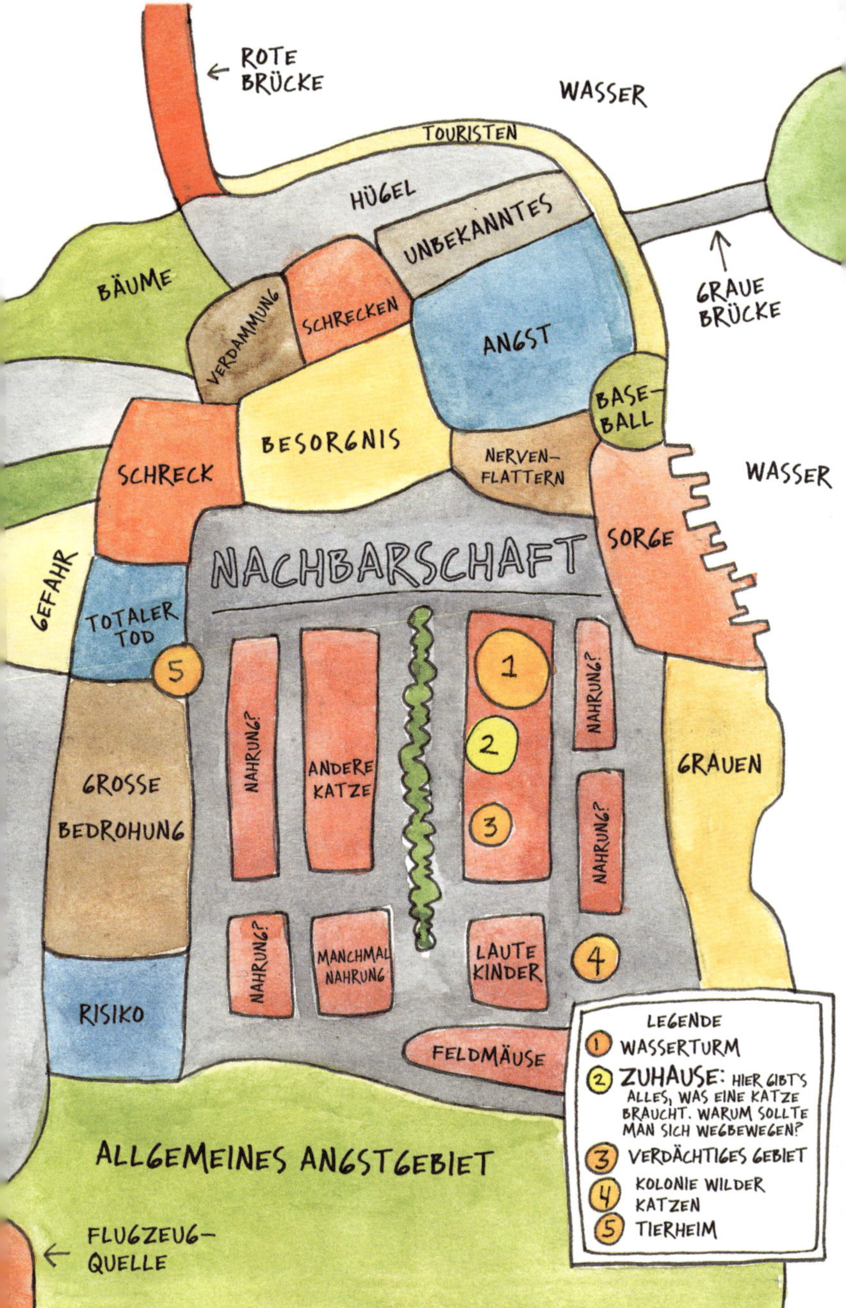

ROTE BRÜCKE
WASSER
TOURISTEN
HÜGEL
UNBEKANNTES
BÄUME
VERDAMMUNG
SCHRECKEN
ANGST
GRAUE BRÜCKE
BASE-BALL
BESORGNIS
NERVEN-FLATTERN
SCHRECK
WASSER
SORGE
NACHBARSCHAFT
GEFAHR
TOTALER TOD
5
1
NAHRUNG?
NAHRUNG?
ANDERE KATZE
2
3
GRAUEN
GROSSE BEDROHUNG
NAHRUNG?
NAHRUNG?
MANCHMAL NAHRUNG
LAUTE KINDER
4
RISIKO
FELDMÄUSE
LEGENDE
1 WASSERTURM
2 ZUHAUSE: HIER GIBT'S ALLES, WAS EINE KATZE BRAUCHT. WARUM SOLLTE MAN SICH WEGBEWEGEN?
3 VERDÄCHTIGES GEBIET
4 KOLONIE WILDER KATZEN
5 TIERHEIM
ALLGEMEINES ANGSTGEBIET
FLUGZEUG-QUELLE

1.

Eines Tages stürzte mein Flugzeug ab.

2

Das Fluggerät, das ich steuerte, bestand im Grunde aus Segeltuch, einem Alugestänge und einem Rasenmähermotor. Es nannte sich »Experimentalflugzeug«, als ob das mit dem Fliegen noch nicht ganz ausgegoren sei. Und das war es auch nicht, an jenem Tag zumindest. An jenem Tag missglückte das Experiment.

Benommen und blutend entstieg ich dem Wrack. »Rufen Sie keinen Krankenwagen!«, beschied ich einem Zeugen, der zu Hilfe geeilt war. Doch mein unnatürlich verdrehtes Fußgelenk, mein angeschwollenes Handgelenk, das vom Kopf auf meinen grünen Fliegeroverall fließende Blut, meine Desorientiertheit und das Trümmerfeld um mich sagten etwas anderes. Dort herrschte ein Chaos wie auf einem Wühltisch nach einer Stunde Winterschlussverkauf.

Im Krankenhaus beschied man mir: »Keine inneren Blutungen, keine Verletzung des Gehirns. Mädchen, da hast du noch mal Glück gehabt!« Schwestern umschwirrten mich mit professionellem Eifer, surrenden Maschinen und gerunzelten Augenbrauen. Ärzte tasteten und testeten. Man sagte mir, ich hätte mir Tibia und Fibula böse gebrochen.

»Tibia und Fibula«, kicherte ich im Morphiumrausch. Vergessen waren das Blut in meinem Mund

und die Hämatome am Arm. »Meine Katzen heißen Tibia und Fibula«, erklärte ich den Witz. Doch das Personal um mich nickte nur ausdruckslos. Menschen brabbeln viel Unsinn, wenn sie unter Schock und Morphium stehen. Aber es stimmte: Meine zwei 13-jährigen getigerten Katzen, liebevoll Tibby und Fibby genannt, wunderten sich gerade, wo zum Teufel ich blieb.

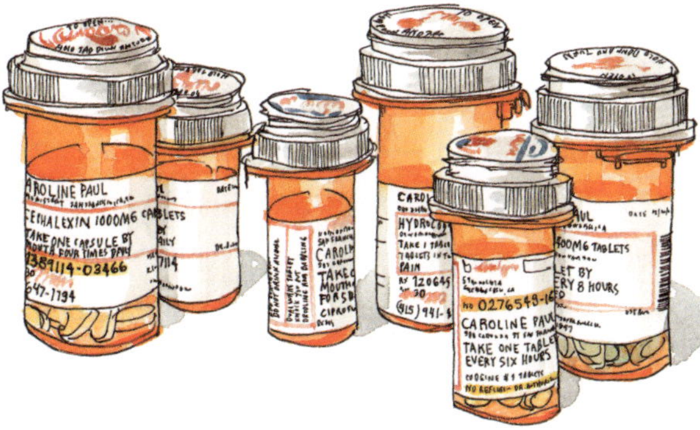

Die nächsten Tage hielt mir meine Freundin Wendy die Hand und versicherte mir, alles sei gut. Alles im Haus sei in Ordnung, Tibby und Fibby gehe es gut. Sie brachte mir Eis und kleine Becher Schokopudding, die ich nicht aß. Sie schlief in einem unbequemen Stuhl, bis die Schwestern sie am Ende der Besuchszeit rauswarfen. Dann kam sie am nächsten Morgen wieder und fing das Programm von vorne an.

Unsere Beziehung war damals noch ganz frisch, wir schwebten in jenem Liebesrausch, in dem die Gesetze der Physik nicht gelten. Die vergangenen sechs Monate waren eine Zeit der Schmetterlinge, des Sonnenscheins und der Regenbogen gewesen, in der wir einander nur unsere Schokoladenseiten gezeigt hatten. Nun, damit war jetzt Schluss. Ich war mit Schmerzmitteln zugedröhnt, ungekämmt, ungewaschen und schwer mitgenommen. Ich hatte etliche eiternde Wunden, einen bandagierten Arm, Nähte am Kopf und einen frisch operierten Knöchel. Wendy strich mit der Hand über mein blaues Papiernachthemd und erklärte, ich sähe wunderschön aus.

Das Bein war sorgfältig wieder zusammengeflickt worden. Ein Metallgerüst innen und außen hielt alles an seinem Platz. Der Knöchel sei total zertrümmert gewesen, berichtete der Chirurg mit verdächtig schadenfroher Miene.

»Der Knochen sah aus wie die Krümel am Boden einer Chipstüte«, sagte er und schüttete eine imaginäre Chipstüte aus, nur für den Fall, dass ich nicht verstand. Er zuckte mit den Schultern um anzuzeigen, dass er nichts versprechen könne, trotz des Gerüsts um mein Bein herum. Dann wies er die Pfleger an, mich mit Morphium vollzupumpen. Die überwachten meine Genesung und schickten mich schließlich heim nach San Francisco.

Tibia und Fibula miauten bei meiner Rückkehr glücklich. Meine Schlappheit störte sie nicht im Geringsten. Ganz im Gegenteil freuten sie sich, dass ich plötzlich nicht mehr in das Plastikrechteck mit den Lichtern hineinbrüllte, auf einen Computermonitor starrte oder aufstand und stundenlang verschwand. Endlich war ich rund um die Uhr für sie da. Sie priesen ihr Glück und nutzten es nach Kräften. Sie bettelten darum, das Ohr gekrault und das Kinn gestreichelt zu bekommen. Sie strichen mit ihren Schnurrhaaren über mein Gesicht. Mein liebevolles, wenn auch leicht gelalltes Kosegebrabbel quittierten sie mit Schnurren. Meistens aber kuschelten sie sich einfach nur an mich und schliefen ein. Fibby schnarchte mir in den Nacken. Tibby schnarchte nebenan auf dem Teppich. Und ich lag derweil wach und umkreiste das schwarze Loch einer Depression.

Ohne meine Katzen wäre ich hineingefallen.

Wendy verstand meine Katzenliebe nicht. Wenn Fibby ihr auf den Schoß sprang, riss Wendy die Arme hoch wie bei einer Passagierkontrolle am Flughafen. Sie tätschelte Tibby den Kopf, als wolle sie ein kleines Feuer löschen. Aber sie verzog keine Miene, wenn ich gurrte und brabbelte wie ein erregter Aphasiker, und gab sich Mühe zu verstehen, was all der Zirkus sollte.

FIBBY

Aber jetzt möchte ich die beiden vorstellen. Das hier ist Fibby, in typischer Ruhehaltung.

Sehen Sie, wie sie noch im Schlaf die Welt beherrscht? Sie war die energiegeladene, die gesellige der zwei, immer begierig auf menschliche Aufmerksamkeit. Jeder Schoß war nur gemacht für ihr rundes Bäuchlein, jede Nase war dafür da, mit ihrer niedlichen Pfote berührt zu werden. Wenn ich in die Garage fuhr, lief sie zur Eingangstür und miaute kläglich. Wo warst du, schien sie mich anzuklagen. Warum hat das so lange gedauert? Dann schloss sie die Augen langsam, wand sich um meine Beine und vergab mir.

Es war kaum zu glauben, dass der große, aber ängstliche und schüchterne Tibby ihr Zwillingsbruder war. Wenn er einen mit seinen großen, dunklen, mandelförmigen Augen musterte, konnte man glauben, ein Außerirdischer starre einen an. Obwohl er sich bewegte wie ein Tiger und den rautenförmigen Kopf eines Raubtiers, einer Klapperschlange hatte, hielt er sich selbst für ein kleines Kätzchen. Er huschte im Haus herum, als fürchte er jederzeit, jemand könne versehentlich auf ihn treten. Er erschrak bei lauten Geräuschen und flüchtete vor Unbekannten. Er aß nur, wenn er sich unbeobachtet wusste. Im Garten flitzte er sofort in Deckung, als befände er sich in der Serengeti statt in einem Stadtgärtchen.

TIBBY

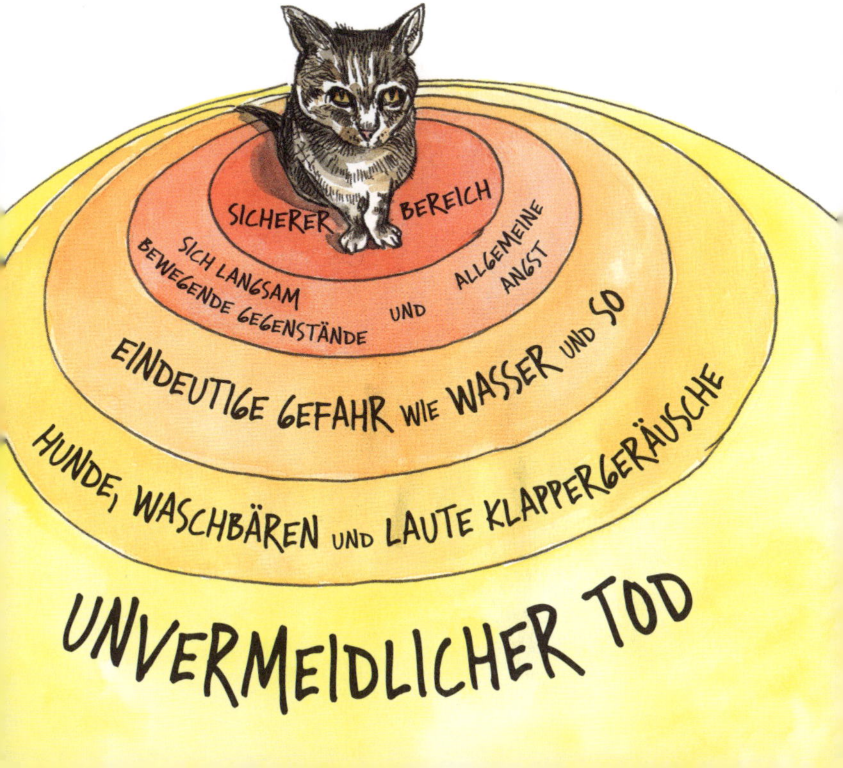
SICHERER BEREICH
SICH LANGSAM BEWEGENDE GEGENSTÄNDE UND ALLGEMEINE ANGST
EINDEUTIGE GEFAHR WIE WASSER UND SO
HUNDE, WASCHBÄREN UND LAUTE KLAPPERGERÄUSCHE
UNVERMEIDLICHER TOD

Es hat mich immer geschmerzt und gewundert, dass meine Liebe ihm nicht dabei half, diese tief sitzenden Ängste zu überwinden. Es gelang mir einfach nicht, diesen verunsicherten Teil in seinem Gehirn zu beruhigen, der hinter jedem Busch einen Löwen witterte. Bis ich irgendwann die schlichte Wahrheit akzeptierte: Tibby war ein Feigling.

Mittlerweile konnte ich nachempfinden, wie Tibby sich fühlte. Alles an mir zitterte und schlotterte – nicht nur in meinem Fußgelenk, sondern auch in meinem Gehirn. Das vergnügte sich an jenen langen Sommertagen damit, mir immer wieder Szenen vorzuspielen, bei denen Flugapparate

DIE FINSTERNIS

am Boden zerschellten und Blut auf grüne Pilotenoveralls floss. Waren es die Medikamente, war es posttraumatischer Stress oder war mir einfach mit dem Wimpernschlag einer linken Flügelspitze die menschliche Illusion abhandengekommen, dass das Universum ein wohlmeinender Ort war und liebevoll um uns kreiste? Kurzum, ich hatte verstanden, dass nicht immer alles gut ausgeht. Manchmal gehen die Dinge ruckzuck den Bach runter, und nichts wird je wieder normal.

Wochen vergingen. Wendy pflegte mich heldenhaft, aber ich war keine angenehme Gesellschaft. Ich zog einen Katheterbeutel und einen üblen Geruch mit mir herum. Ich war randvoll mit Schmerzmitteln und Selbstvorwürfen. Stundenlang lag ich ausgestreckt da und musterte mein Bein misstrauisch. Ich fürchtete ständig, es könnte sich selbstständig machen, etwa zur Seite zucken, hinunterfallen oder einfach beim leisesten Lufthauch in Millionen Stücke zerspringen. Kurz gefasst: Ich verhielt mich einigermaßen schrullig. Jeden Moment erwartete ich, dass Wendy sich zu mir beugen und flüstern würde, sie habe jetzt genug und verlasse mich. Und wer hätte es ihr verdenken können? Wir waren nicht lang genug zusammen gewesen, als dass ich ihr derart zur Last fallen durfte.

Nur Tibia und Fibula vertraute ich grenzenlos. Wir hatten dreizehn Jahre miteinander verbracht, die längste Beziehung in meinem Erwachsenenleben. Ich war zwar durch den Wind, grübelte ich an die Decke starrend, aber meine Kätzchen waren zum Glück noch ganz die Alten. Daran klammerte ich mich. Fibby trabte weiter im Haus herum, als gehöre es ihr, und Tibby drückte sich weiter in die Ecken, bereit, sich streicheln zu lassen, aber nur, wenn Fibby es erlaubte. Tibby und Fibby erinnerten mich daran, dass es vor Unfall und Angst ein Leben gegeben hatte, und dass es auch danach wieder ein Leben geben würde.

Einen Monat war ich schon zu Hause, ich genas so einigermaßen, aber ich lag noch immer niedergeschlagen, immobil, von zu vielen Schmerzmitteln belämmert und von zu viel Fernsehen verblödet im Bett. Doch dann geschah etwas völlig Unerwartetes.

Tibby war verschwunden.

DAS GROSSE UNBEKANNTE

2.

Wenn deine Katze verschwindet, gerätst du in Panik. Du stellst dir Katzenentführer vor, die ihre Opfer zur Vivisektion in Versuchslabore bringen. Du stellst dir vor, dass sie in einem Loch feststeckt oder so schwer verwundet ist, dass sie nicht mehr nach Hause kriechen kann.

Du weinst.

Da ich ja hilflos auf der Couch lag, sprangen meine Freunde in die Bresche. Überall in der Nachbarschaft hängten sie Zettel auf und klopften sogar an Türen. In jeden Briefkasten warfen sie Zettel mit dem Aufruf KATZE VERMISST, BITTE RUFEN SIE AN, BESITZERIN IST VERZWEIFELT. Tibbys große Alienaugen starrten von allen Bäumen, Telefon- und Laternenmasten. Zehn Tage vergingen. Nichts.

Was konnte passiert sein? Als ich Tibby und Fibby bekam, ließ ich eine Katzenklappe in meine Tür zum Garten machen, und seit 13 Jahren kamen und gingen meine Kätzchen, wie es ihnen gefiel, ohne dass ihnen draußen je etwas zugestoßen wäre. Vor dem Haus verlief eine ruhige Straße, aber ich hatte meine Katzen nie dort gesehen. Was sollten sie dort auch? Die Katzenklappe ging nach hinten, zum Garten, und von dort gelangten sie in all die anderen Gärten unseres Wohnblocks. Diese lange und breite Grünfläche bot alles, was Katzen sich wünschen konnten: Zäune und Bäume zum Klettern, Erde zum Beschnüffeln und Sichwälzen, Nagetiere zum Jagen, Gras zum Fressen.

Die Katzenhalter, die ihre Tiere ausschließlich im Haus hielten, beglückwünschten sich jetzt.

HIGHTECH-KATZENKLAPPE

Sie warnten ja ständig, man müsse Katzen zu ihrer eigenen Sicherheit drinnen behalten. Bis jetzt hatte ich diese Idee immer mit Verachtung quittiert. Auch wir Menschen würden länger leben, wenn wir nie das Haus verließen, antwortete ich. Aber glücklich und gesund wären wir nicht. Diese Debatte hörte nie auf, jede Seite tänzelte in ihrer Ecke, das Kinn vorgereckt, im Ton rechthaberisch. Jetzt war Tibby weg. Wäre jetzt eine Hauskatzen-Halterin gekommen, um mit ihrem knochigen Finger zu wedeln, hätte ich ihren Standpunkt immer noch für falsch gehalten. Aber trotzdem wäre ich tränenüberströmt zusammengebrochen.

In meiner Verzweiflung wandte ich mich an eine Hellseherin, die allerdings gar nicht meiner Klischeevorstellung entsprach. Sie hatte keine klobigen Ringe und blickte auch nicht in eine große Kristallkugel. Nein, sie trug einen modischen Haarschnitt und Yogakleidung und kommunizierte via E-Mail. Ich mailte ihr die Details von Tibbys Verschwinden. Sie antwortete, sie brauche noch ein wenig Zeit, bis sie die richtigen Schwingungen empfinge, deshalb wartete ich. Später schrieb sie mir zurück: Tibby gehe es gut, er sei unverletzt und komme bis nächsten Donnerstag fünf Uhr morgens

VON: HELLSEHERIN

AN: CAROLINE

RE: KÄTZCHEN-INFO

5. AUGUST 2009, 18.54.32 UHR

HALLO CAROLINE,

TIBBY GEHT ES GUT, ER IST UNVERLETZT. ER HAT AUCH GEGESSEN, RECHT GUT SOGAR. EINIGE KINDER HABEN IHN GEFUNDEN, VERMUTLICH AM WOCHENENDE. SIE SIND ZWISCHEN 9 UND 13 JAHRE ALT. SIE HABEN IHN ZU SICH NACH HAUSE MITGENOMMEN.
JA, ICH WEISS, DAS KLINGT VIELLEICHT SELTSAM, ABER ICH SEHE IHN IN EINEM ANDEREN HAUS, EINE FAMILIE UM IHN (ALSO NICHT GEFANGEN IN EINER GARAGE). EIN KLEINES MÄDCHEN HAT IHN ALS IHR HAUSTIER AUFGENOMMEN, FÜTTERT IHN UND IST NETT ZU IHM.

HEUTE FINDET EINE GROSSE MONDFINSTERNIS STATT. VIELLEICHT KOMMT TIBBY MORGEN IN DER FRÜH ZURÜCK, WENN DER MOND VERBLASST.

VIEL SPASS BEI DER SUCHE. HOLE IHN MIT FREUDE HEIM, NICHT MIT ANGST.

DIE HELLSEHERIN

PS: ICH HABE ALL DAS SEHR DEUTLICH GESEHEN. ICH WÄRE SEHR ÜBERRASCHT, WENN DAS NICHT TIBBYS AKTUELLE SITUATION GEWESEN SEIN SOLLTE.

heim. All das habe sie ganz klar gesehen, schrieb sie, und ich müsse mir keine allzu großen Sorgen machen. Außerdem kümmerten sich Kinder liebevoll um ihn.

Kinder!, dachte ich mir. Er ängstigt sich zu Tode vor ihnen! Aber ich holte tief Luft und wartete. Ich hatte großen Respekt vor einer Hellseherin, die sich auf exakte Zeiten und Daten festlegte. Die schien sich aber sicher zu sein! Doch der Donnerstag kam und ging. Kein Tibby. Er kehrte auch am Wochenende und am folgenden Montag nicht zurück.

Wendy klapperte erneut die Nachbarschaft ab. Jedem Passanten hielt sie ein Foto von Tibby unter die Nase. Die Angesprochenen schüttelten bedauernd den Kopf, nein, leider hätten sie ihn nicht gesehen. Aber es gebe ganz in der Nähe eine Kolonie wilder Katzen. Vielleicht lebe er ja dort? Ich hatte meine Zweifel. Ich konnte mir Tibby nicht in dieser wilden, ungezähmten Katzenbande vorstellen, Wein aus dem Tetrapack trinkend und mit den Pfoten Gang-Begrüßungen wedelnd. Unmöglich. Trotzdem lief Wendy durch die Kolonie wilder Katzen und rief nach Tibby. Ohne Erfolg.

Schließlich legte ich die Hände zusammen und fragte, was Gott dachte. Ich fragte auch Allah, Buddha, die göttliche Mutter Erde und die große schwingende kosmische Energie. Glauben tat ich an all das nicht, doch ich war verzweifelt. »Gott, Allah, Buddha, göttliche Mutter Erde, große schwingende kosmische Energie: Wo ist Tibby? Geht es ihm gut?«

Es kam nur Schweigen.

3.

Das Tierheim wirkte wie ein Gefängnis. Lange Gänge aus Beton endeten an schweren Türen, die beim Schließen laut knallten. Eine muntere Freiwillige führte mich herum. Meine Krücken dröhnten wie Hammerschläge auf dem Boden.

Sie brachte mich in den Katzenbereich, wies auf die Käfige und wartete im Hintergrund, während ich die Käfige absuchte.

»Tibby?«, flüsterte ich. Die ausgewachsenen Katzen hatten sich ins hintere Ende ihrer Käfige zurückgezogen und musterten mich reglos. Die Kätzchen kamen näher, aber ihre Schwänze hingen herunter und ihr Blick wirkte verwirrt. »Tut mir so leid«, entschuldigte ich mich bei jedem. »Ich wünschte, ich könnte dich mitnehmen.«

Ich ging alle drei Tage ins Tierheim, und jeder Besuch lief gleich ab: Ein Freiwilliger mit mitfühlendem Lächeln und fröhlicher Stimme erschien, ich erzählte ihm von meinem Problem. »Mein Kater ist verschwunden. Er ist groß, schüchtern und hat feuchte Alienaugen. Er ist vor 15 ... 21 ... 33 Tagen verschwunden.«

»Oh, Katzen!«, antworteten die munteren Freiwilligen dann wissend. Sie erzählten mir eine aufbauende Geschichte – offenbar hatte jeder eine auf Lager. Geschichten von Katzen, die nach Tagen, Wochen, Monaten wieder heimgekehrt waren. Eine Katze tauchte nach zwei Jahren in 5000 Kilometern Entfernung wieder auf. Ich hörte mir die Geschichten mit dem Eifer des frisch Bekehrten an. Offenkundig besaßen die Freiwilligen eine Magie, die ich nie gehabt oder verloren hatte, eine seelische Unerschütterlichkeit hinter ihrem strahlendem Lächeln. Wie sonst konnten sie all diesen Katzenkummer ertragen?

»Man gewöhnt sich daran«, sagte eine.

»Es ist nicht so schlimm«, eine andere.

Die Helfer trugen orangefarbene Westen und blaue Überschuhe aus Papier. Sie säuberten Käfige und sprachen in Walkie-Talkies und hielten Stöcke mit Federn in die Käfige, damit die Katzen spielen konnten. Ich begann, sie lieb zu gewinnen mit ihrem geduldigen Lächeln, ihren blauen Füßen, ihrem warmen Herz in robuster Schale. Hingerissen lauschte

FREIWILLIGE IM TIERHEIM

ich ihren Geschichten von katzlicher Unerschrockenheit. Dann ging ich heim und heulte.

Ich schrieb der Hellseherin eine weitere E-Mail. Es gehe ihm weiter gut, antwortete sie. Er werde bei abnehmendem Mond heimkommen. Wieder klammerte ich mich an ihren Optimismus, die Klarsicht ihres dritten Auges, ihren modernen Haarschnitt. Aber der Mond nahm ab und wieder zu, und Tibby kam nicht.

Ich begann, mich dem schrecklichen Gedanken zu stellen: Ein Kater wie Tibby konnte im Großstadtdschungel nicht überleben. Er war zu schüchtern, zu ängstlich, er wusste überhaupt nichts über das Leben da draußen und konnte sich null durchsetzen. Ich musste mich den Tatsachen stellen. Wenn er nicht heimgekommen war, dann konnte es nur einen Grund dafür geben. Etwas Schreckliches war passiert.

Und dann, fünf Wochen nach seinem Verschwinden, tauchte Tibby wieder auf.

4.

Eines späten Abends kam er einfach ins Schlafzimmer geschlendert. Er grüßte uns mit seinem Pavarotti-Miau. Wir saßen senkrecht im Bett – er hatte uns aus tiefem Schlaf gerissen. Er kroch unter einen Stuhl.

»Tibby!«, rief ich.

»Tibby!«, rief Wendy.

Fibby schaute ungerührt.

»Miau«, sagte Tibby.

Die nächsten Tage verbrachte ich damit, Tibby zu herzen und, na ja, ein wenig zu schmollen. Ich fragte mich, warum er gegangen war und wohin. Und was fehlte ihm jetzt? Gleichgültig besah er sich das Essen im Fressnapf, stieß einen Katzenseufzer aus und ging wieder.

»Er isst nichts«, jammerte ich Wendy vor. »Er ist krank. Weil er so lang weg war. So lang!«

Doch beim Tierarzt stellte sich heraus, dass er ein halbes Pfund zugenommen hatte. Der Tierarzt lobte sein seidiges Fell und seinen energischen Gang.

»Toll«, antwortete ich, pikiert.

Die Erleichterung, dass meine Katze wieder da war, schwand schnell, und auch der Anblick, wie er mit ausgebreiteten Pfoten schnarchend dalag wie ein Sportler nach einer durchfeierten Nacht, machte mir immer weniger Freude. Zunehmend überwogen dunkle Gefühle von Verwirrung und Eifersucht. Ich fühlte mich von der Katze verraten, die ich 13 Jahre zu kennen geglaubt hatte. Mein alter Tibby war ängstlich und schüchtern gewesen. Dieser Kater hingegen war ein verwegener Abenteurer, der gerade von den Weltmeeren heimgekehrt war. Welche Sirene ihn wohl weggelockt hatte? Ob er weiterhin zu diesem vergoldeten Palast ging, wo die Fressnäpfe überquollen und die Leckerlis nie versiegten?

Während ich redete (sprich: herumschimpfte), sah Wendy eine unglückliche Verkettung aus Schmerzmittel, Depression und Lagerkoller vor sich auf die Couch plumpsen. Sie versuchte zwar zustimmend und verständnisvoll zu nicken, aber über ihrem Kopf schwebte eine grell leuchtende Gedankenblase: *Mach mal halblang! Tibby ist eine KATZE!*

Er war wieder da, reichte das nicht?

Nein, mir nicht.

Irgendwann verlegte Wendy sich von Mitleidsbekundungen auf praktische Ratschläge. Warum ich nicht versuchte, die Katzenklappe vorübergehend abzusperren, sodass Tibby nicht flüchten konnte? Ich erwiderte, das hätte ich schon einmal probiert, vor

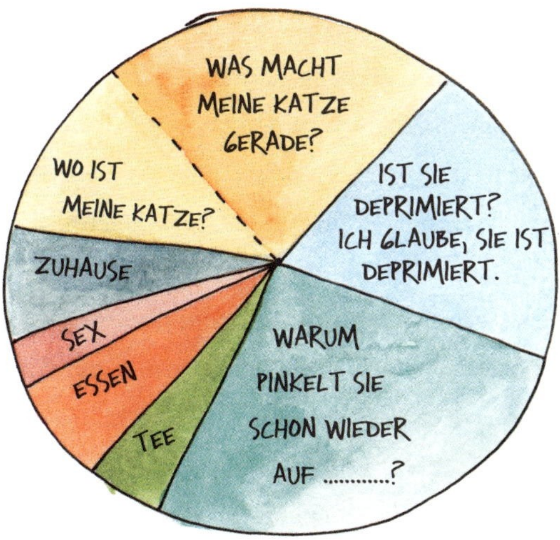

WAS EIN KATZENHALTER DENKT

ein paar Jahren. Ich hatte ihn über Nacht eingesperrt und war dann stundenlang von einem unablässigen dumpfen Knallen wach gehalten worden. Erst spät ging mir auf, dass das Geräusch von Tibby kam, der sich wieder und wieder gegen die Katzenklappe warf wie ein Poltergeist. Ich sagte, einer alten Katze wolle ich nichts mehr abtrainieren. Nicht jetzt. Außerdem, sagte ich, gehe es doch gar nicht darum.

Himmelherrschaft, dann verrate mir endlich: Worum geht es?, brüllte Wendys Gedankenblase, laut genug, dass mein Unterbewusstsein es hörte.

»Das kann ich nicht erklären«, antwortete ich von oben herab. »Das versteht keiner, der nie eine Katze besessen hat.«

Wohin gehen unsere Haustiere, und was machen sie, wenn sie nicht daheim sind? Und warum? Sind wir unseren pelzigen Freunden nicht genug? Für Tierliebhaber sind das die ultimativen Fragen. Ich zermarterte mir das Gehirn, wie eine betrogene Ehefrau. Ich musste einfach herausfinden, was Tibby in diesen fünf Wochen getrieben hatte.

Und so begann die Operation Tibby.

5.

Der erste Schritt bei dieser Operation musste natürlich darin bestehen, Tibby bis in seine Lasterhöhle zu verfolgen.

»Las – ter – höh – le«, presste ich zwischen den Zähnen heraus. Ich konnte es mir ausmalen: Tibby auf einem goldenen Kissen schlafend, um ihn verstreut leer gefressene Thunfischdosen, im Hintergrund ein Harem williger junger Katzen. Ein Palmwedel erschien vor meinem inneren Auge, der in gefälliger Wellenbewegung auf und ab schwebte und eine sanfte Brise über Tibbys sonnenbeschienenes Fell fahren ließ.

»Las – ter – höh – le«, wiederholte ich, jede Silbe betonend, als ob ich etwas ganz Neues und Bemerkenswertes gesagt hätte.

»Äh«, sagte Wendy. »Redest du von dem Ort, an dem er fünf Wochen lang war? Aber woher weißt du, dass er dorthin zurückgeht?«

Wusste ich nicht. Nicht sicher. Aber es gab Anzeichen. Erstens aß er nicht zu Hause. Trotzdem war sein Fell seidig und sein Gang weiter panthergleich. Zweitens trug er den selbstgefälligen Gesichtsausdruck eines Ehemanns, der heimlich eine Affäre führt. Ich hatte diesen Ausdruck vorher nie gesehen, weil ich nie einen Ehemann hatte, aber ich hatte oft genug *Liebe, Lüge, Leidenschaft* und *Jung und leidenschaftlich – wie das Leben so spielt* gesehen, um ihn sofort zu erkennen.

»Schau«, sagte ich und zeigte auf ihn. »Siehst du?«

Wendy sah Tibby an, konnte aber nichts aus seinem Gesicht lesen.

Na ja, sie war ja auch keine erfahrene Katzenbesitzerin. Natürlich tappte sie im Dunklen.

»Glaub mir«, sagte ich ihr. »Er genießt gerade ein bisschen Hunka hunka hunka.«

Hunka hunka hunka?, fragte ihr Gesicht. Aber sie nickte einfach, blickte verstohlen auf meine Medikamentenliste und schwieg.

Wendy war von meinem Kreuzzug nicht hundertprozentig überzeugt, aber sie sträubte sich nicht dagegen. Tibby und Fibby waren ihr ans Herz gewachsen. Nicht so sehr, dass sie in Babysprache mit ihnen geturtelt hätte. Nicht so sehr, als dass sie jedes

Mal »Kätzchen« gesagt hätte, wenn von »Katzen« die Rede war. Nicht so sehr, als dass sie ständig drüber gegrübelt hätte, wo Tibby denn hingegangen war und warum. Aber sie mochte die Katzen und wollte helfen. Doch wie verfolgt man eine Katze? Katzen sind ebenso gut im Weg- wie im Anschleichen, und in zehntausenden Jahren des Zusammenlebens mit dem Menschen haben sie gelernt, sich in Azaleen zu verstecken, reglos hinter Gartenzwergen zu verharren, über Zäune zu balancieren und unter Bänke zu gleiten. Ich hingegen lief auf Krücken und Schmerzmitteln.

»*Wir* können ihm nicht folgen«, überlegte Wendy. »Aber die Technik kann es.«

Und so fand ich mich wenig später in einem »Agentenshop« und lief an Regalen mit als Kleenexpackungen getarnten Kameras entlang, an Stiften vorbei, die in Wirklichkeit Aufnahmegeräte waren, an Messingschlagringen, Schreckschusspistolen und langen, gezackten Kampfmessern. An anderen Tagen hätten mich all diese Gerätschaften fasziniert, aber nicht an diesem Tag. An diesem Tag war ich auf einer Mission.

»Ich brauche einen Peilsender«, verriet ich einem jungen, pickligen Mitarbeiter. »Sie wissen schon, etwas zum Verfolgen.«

NOTIZEN AUS DEM AGENTENSHOP

12 ZENTIMETER

GPS TRACKER DEFENSE

BLOCKIERT GPS-TRACKER UND MACHT ES UNMÖGLICH, JEMANDEN ZU VERFOLGEN.

NOTIZ: VON DER KATZE FERNHALTEN.

WO SOLL DAS DENN HIN?

DIE JAGD NACH EINEM GPS-GERÄT

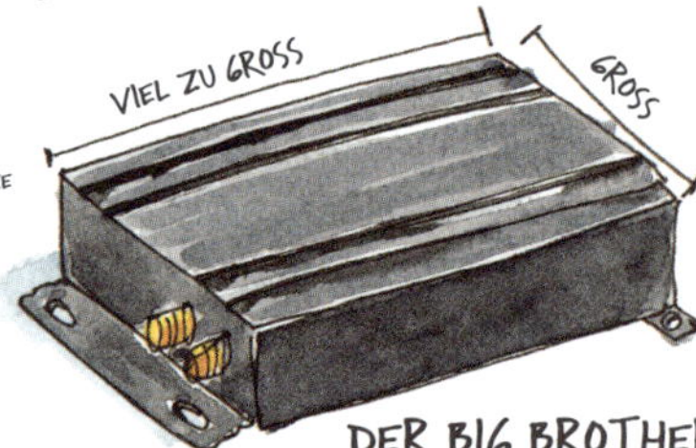

VIEL ZU GROSS

GROSS

DER BIG BROTHER TRACKER

ZUR ÜBERWACHUNG VON JUNGEN FAHRANFÄNGER MIT UNFALL-SENSOR UND HILFEKNOPF.

ECHTZEIT-TRACKER

4 ZENTIMETER

VERWENDET TECHNIK AUS HANDYS, FUNKTIONIERT TAG UND NACHT. WIRD BEIM PERSONENSCHUTZ EINGESETZT. PREIS AUF ANFRAGE. VERFÜGT ÜBER EINEN CLIP ZUR BEFESTIGUNG AM GÜRTEL.

NOTIZ: KATZE TRÄGT KEINEN GÜRTEL. SCHON PROBIERT.

5 ZENTIMETER

3 ZENTIMETER

PASSIVER GPS-TRACKER:

AUS PLASTIK. WASSERDICHT, 100 STUNDEN AUFZEICHNUNGSZEIT, BEFESTIGUNG MIT EINEM MAGNETEN.

NOTIZ: KATZE NICHT MAGNETISCH. IST ES MÖGLICH, EINE KATZE ZU MAGNETISIEREN?

EBENFALLS ERHÄLTLICH

FLÜSSIGER »ROADKILL« IMITIERT DEN GERUCH ÜBERFAHRENER TIERE. JETZT AUCH FÜR DEN PRIVATGEBRAUCH ERHÄLTLICH. EKLIG.

RÖNTGENSPRAY FÜR UMSCHLÄGE

MACHT UMSCHLÄGE DURCHSICHTIG, SODASS MAN DEN BRIEF LESEN KANN. WÄRE TOTAL NÜTZLICH, WENN NOCH IRGENDJEMAND BRIEFE SCHRIEBE.

UND ...

* NUR AUSSERHALB DIESES LADENS ZU VERWENDEN.

»Haben wir«, antwortete er gelangweilt, als hätte er schon eine Million betrogener Ehefrauen wie mich gesehen. »Sie brauchen ein Global Positioning System, auch bekannt als GPS.« Er deutete auf ein Schränkchen an der gegenüberliegenden Wand und bedeutete mir, ihm zu folgen.

Der Glaskasten, dem wir uns näherten, leuchtete wie ein Aquarium. Darin schwammen GPS-Geräte der verschiedensten Größen und Formen, bewehrt mit Antennen, Magneten, Monitoren und Bändern. Es gab GPS-Geräte, die man der Ehefrau in die Tasche schmuggeln konnte, GPS-Geräte, die man unten ans Auto heften konnte, GPS-Geräte, die man in Geldkoffer platzieren konnte, um nach einem Raubüberfall ihren Weg zu verfolgen.

Auf den Etiketten standen lange Artikelnummern und Besonderheiten wie »Satelliten-Overlay mit einem Klick«, »Integrierte Antennen« und »Flash-Speicher«. Der junge Verkäufer holte eine klobige Box vom Regal und reichte sie mir ehrfürchtig.

»72-Stunden-Batterielaufzeit, Echtzeit-Tracking über eine Website und Magnetbefestigung«, erklärte er. Ich schielte auf das Preisschild: 1500 Dollar.

»Ich hätte gern etwas Billigeres«, sagte ich und musterte das Schränkchen genauer. Die Geräte schienen mir allesamt zu groß und zu schwer für eine Katze. »Und klein muss es sein. Sehr klein.«

Aber er hatte nichts Kleines.

»Ich kann Ihnen besser helfen, wenn Sie mir verraten, wofür Sie es brauchen«, sagte der Angestellte, als er sein letztes Gerät zurücklegte.

Er bemühte sich um einen neutralen Tonfall, als hätte er eine Schulung zum Umgang mit kritischen Situationen gemacht. Aber seine Augen verrieten ihn. Sie wanderten zwischen meinen Krücken, meiner Kopfwunde und dem Gerüst um mein Bein hin und her. Ich wusste, was er dachte. Übler Freund? Prügelnder Gatte? Schlägerei mit einer Rivalin?

Ich räusperte mich.

»Äh«, sagte ich. »Hm.«

Er musterte mich neugierig.

»Wissen Sie«, brachte ich schließlich heraus. »Ich muss meine Katze verfolgen.«

Er verstand mich anfangs gar nicht, vielleicht, weil ich geflüstert hatte.

»Katze«, wiederholte ich. »K-A-T-Z-E.«

Verständnisloser Blick.

»Okay, formulieren wir die Aufgabe so: Es geht darum, einen sehr kleinen, sehr haarigen Gatten zu verfolgen«, sagte ich.

Jetzt fiel der Groschen. »Eine Katze!« Hier im Agentenladen hatte er schon wilde Geschichten gehört, so etwas aber noch nicht. »Wow. Oh, klar. Nun, schauen Sie ins Internet!«, rief er. »Dort gibt es alles. Bestimmt auch was für eine Katze, versprochen!«

Mein neuer Freund sollte tatsächlich recht behalten. Auf einer seltsamen Website mit groben Zeichnungen und schlechtem Englisch fand ich schließlich winzige GPS-Geräte. Ein Mann bastelte sie in seiner Garage, für Katzen.

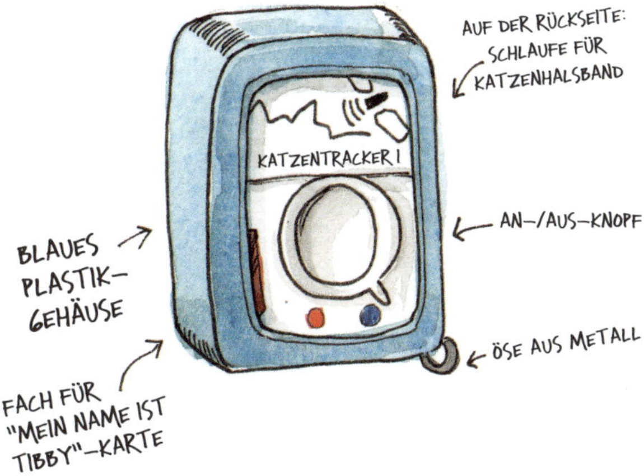

Was bedeutete, dass er nicht nur ein geschickter Ingenieur war, sondern auch ein Seelenverwandter.

Ich bestellte eines.

Der Katzen-Tracker kam: ein stabiler weißer Plastikwürfel mit einem blauen Schutzüberzug aus Gummi, nur gut 20 Gramm schwer – weniger als ein Drittel des leichtesten Geräts im Agentenladen. Dieses extrem simple und aufgeräumte Ding hatte vorn einen Schalter und zwei Lämpchen – ein rotes und ein blaues –, die beruhigend blinkten und uns so versicherten, dass wir ein kluges, kleines Gerät in der Hand hielten, mit dem sich ein mittelgroßes Säugetiergehirn überlisten ließe. Wir machten uns auf die Suche nach Tibby.

Er lag schnarchend auf dem Teppich. Er hob seinen Kopf, als Wendy und ich näher kamen, schöpfte aber keinen Verdacht, trotz unserem breiten unaufrichtigen Lächeln, unserer Annäherung in Zeitlupe, unseren gemurmelten Koseworten. Wir schauten ihn nicht direkt an, ich lobte ihn, was für eine hübsche Katze, was für eine kluge Katze, was für eine perfekte Katze er war. Widerstandslos ließ er sich das Gerät am Hals befestigen.

Tibby sah damit völlig verändert aus, wie eine Katze auf Weltraummission. Er hatte ein Kontroll-

KATZEN-
TRACKER

panel um den Hals, das abwechselnd rote und blaue Lichtblitze auf seine Schnurrhaare schickte. Wendy und ich sahen uns an, beglückwünschten uns stumm und blickten dann auf Tibby. Störte er sich an dem Kästchen? Doch er sah uns freundlich an, völlig ungerührt.

Ich schoss einige Fotos, um den großen Augenblick festzuhalten.

Dann stand er auf und reckte sich.

Und ging zur Tür.

Auf der Schwelle hielt er inne, dann lief er durch den Gang und die Treppe hinunter.

»Gut«, sagte ich. Wir standen da wie Eltern am ersten Schultag ihres Kindes, stolz und ein wenig verloren.

»Was machen wir jetzt?«, fragte ich, als sein Schwanz aus dem Blickfeld verschwand.

»Jetzt warten wir.«

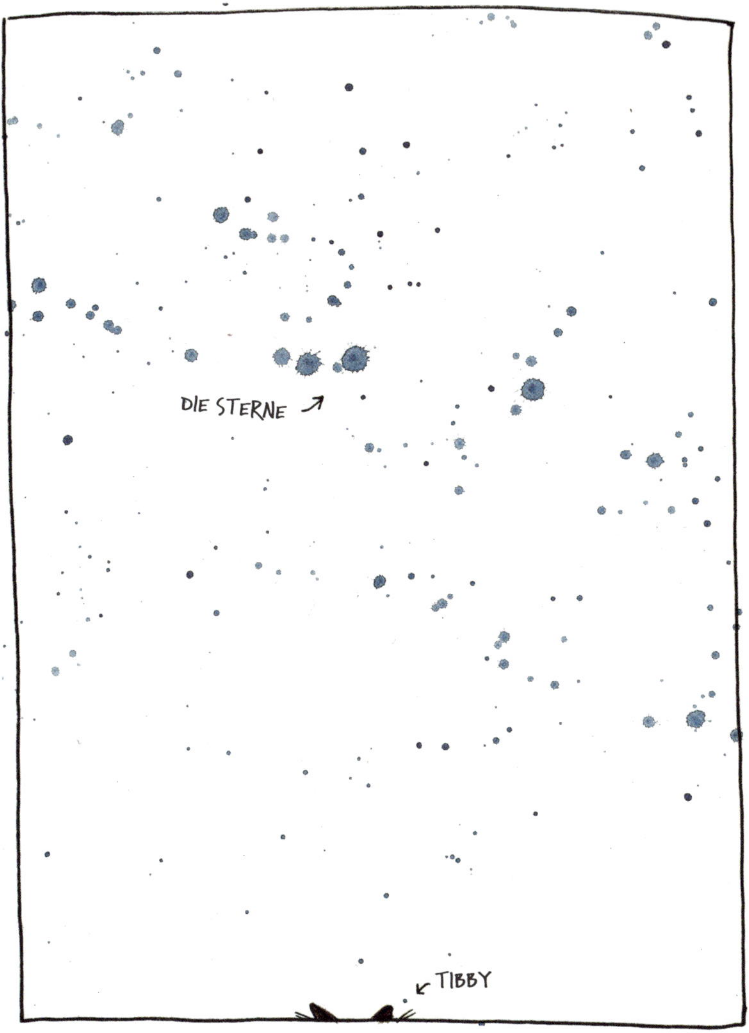
DIE STERNE
TIBBY

6.

Zwölf Stunden später kam er zurück.

»Manja, manja, manja, manja«, turtelte ich* und hob ihn auf meinen Schoß. »Wo hast du dich rumgetrieben, du hübsches Kerlchen?«

Fibby beobachtete missbilligend, wie ich Tibby triumphierend das Kinn kraulte. Tibbys Augen strahlten vergnügt. Ich öffnete sein Halsband und nahm das GPS-Gerät ab. Ich sah die Route schon vor meinen Augen, die dieses streichholzschachtelgroße Teil jetzt gleich meinem Computer verraten würde: schnurstracks zum güldenen Palast. Sobald ich die Adresse wusste, würde ich ins Auto springen, dorthin fahren und anklagend mit meinen Krücken wedeln. Ich würde den Schurken das GPS-Gerät unter die Nase halten und sagen: »Leugnen ist zwecklos, hier habe ich den Beweis.«

---

* Das ist Babysprache für »Hallo mein Augenstern, mein herzallerliebstes Kätzchen.«

Fibby wartete, bis ich mich wie gewohnt am Computer niedergelassen hatte, das Bein seitlich hochgelegt, die Krücken gegen den Stuhl gelehnt. Dann sprang sie auf und tapste auf meine Oberschenkel wie ein Lipizzaner. Sie miaute, als wolle auch sie unbedingt die Route sehen – obwohl ich ja glaubte, dass sie längst Bescheid wusste, vielleicht sogar von Anfang an. Meine Theorie, dass Tibby Fibby von seinen Ausflügen erzählt hatte, war von Wendy mit einem knappen, ungläubigen Lächeln und einer hochgezogenen Augenbraue quittiert worden.

Verrückte Katzenhalterin, sagte ihr Gesichtsausdruck.

Verrückte Kätzchenhalterin, wollte ich sie korrigieren.

Ich hackte kurz auf der Tastatur herum, Fibby saß auf meinem Schoß. Tibby, der sah, dass ich von seiner Zwillingsschwester in Beschlag genommen worden war, schlenderte zu seinem Lieblingsplatz auf dem Teppich. Ohne zu ahnen, dass all meine Aufmerksamkeit noch immer ihm galt, legte er sich hin.

Dann erschien das Bild seines Ausflugs. Ich zwinkerte, gefasst darauf, eine einzige, direkte Linie zu sehen. Doch stattdessen kam das:

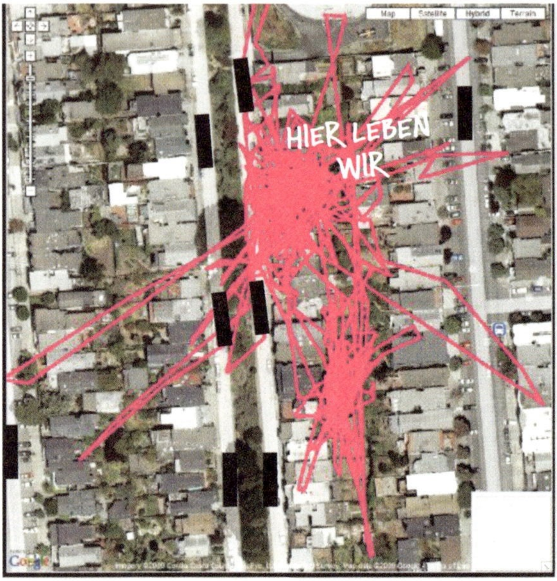

BITTE BEACHTEN:

= STRASSENNAMEN WURDEN GESCHWÄRZT.
EIN BISSCHEN PRIVATSPHÄRE MUSS SCHON SEIN.

»Heiliger Bimbam!«, rief ich.

»Heiliger Bimbam!«, murmelte Wendy.

Eine gerade Linie? Nichts da!

Das Bild sah aus, als hätte man ein Kindergartenkind mit Schokolade abgefüllt und dann auf die Buntstifte losgelassen. Es war das reinste Chaos.

Wir befestigten das Gerät wieder an Tibbys Halsband. Er ging hinaus, und als er Stunden später wiederkam, nahm ich ihm das Gerät erneut ab und las die Daten aus. Aber diesmal würde sich doch eine klare Linie zeigen, oder?

Stattdessen sah ich das:

Ich hatte keine Ahnung, wie dieses Durcheinander katerlicher Spuren zu deuten war. Sollte ich den Linien folgen, die westlich über die Straße führten? Sollte ich mich auf den Schwerpunkt seiner Aktivitäten konzentrieren, der in unserem Wohnblock zu liegen schien? Und schauen Sie sich die Spur an, die östlich in Richtung Katzenkolonie führt. Mir schwamm der Kopf. Ich lud das Gerät neu auf und befestigte es wieder an Tibbys Halsband. Die Hände in die Hüften gestemmt und eine Schnute ziehend beschied ich ihm, diesmal bitte schön mit etwas Eindeutigerem zurückzukommen.

Das würde schwieriger werden, als wir erwartet hatten.

7.

»Das funktioniert nicht!«, jammerte ich und deutete auf die zahlreichen GPS-Karten, die ich ausgedruckt und über den Tisch verteilt hatte.

»Ich finde, es funktioniert prima«, antwortete Wendy. »Dir gefällt nur nicht, dass der schüchterne, ängstliche, nur in deiner Gegenwart glückliche Tibby ein derart aktives Sozialleben zu führen scheint.«

Genau.

»Nein«, sagte ich. »Ich glaube nur, wir brauchen echte Beweise. Nicht irgendwelche Zickzacklinien auf einer Karte.«

Ich verriet ihr, was wir meiner Meinung nach brauchten: Beweisfotos.

»Und wie kriegst du die? Willst du Tibby eine Kamera umhängen?«, mokierte sich Wendy.

Genau das!

Die CatCam kam in einem kleinen gefütterten Umschlag: eine graue Plastikschachtel, die wirkte, als wäre sie in einer Kellerwerkstatt zusammengebastelt worden – was der Website zufolge auch der Fall war. Die Anleitung beschrieb auf Deutsch und Englisch, wie sich das Gerät ruckzuck in Betrieb nehmen ließ – und nach ewigem Gefummel war es dann auch einsatzbereit, programmiert darauf, jede Minute ein Foto zu schießen, hundert Mal, bis der Speicher voll war. Die Bilder würden also keine zwei Stunden abdecken, aber das musste doch eigentlich reichen, den Schurken auf frischer Tat zu ertappen!

Ich hoffte auf die verräterische Großaufnahme eines Menschen, der mit einer Thunfischdose in der Hand in die Linse blickte. Oder vielleicht würde ich den haarigen Hintern einer fremden Katze im Bild sehen, die ihr Futter mit dem schüchternen, unschuldigen Tibby teilte.

Ihr Futter und was weiß ich sonst noch.

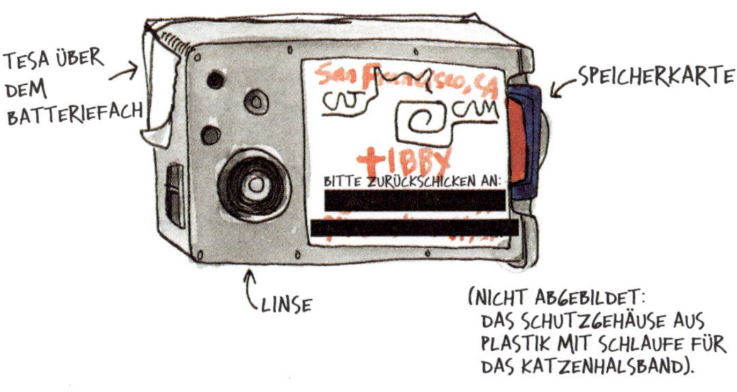

Unser Opfer schlief nichtsahnend in einem Sonnenstrahl. Er öffnete ein Auge, als wir zu ihm kamen. Wieder priesen wir ihn in höchsten Tönen, wieder schauten wir ganz unschuldig, wieder näherten wir uns ihm gaaanz langsam. Und wieder ließ er sich das Kästchen ohne Widerstand umlegen. Allerdings wirkte Tibby diesmal kritischer. Sein Blick schien zu sagen: »Was wird das denn? Was für einer lächerlichen Idee seid ihr jetzt verfallen? Was habt ihr mir hier um den Hals gelegt?« Wir beschwichtigten ihn mit einer weiteren Runde süßen Lobs und unaufrichtiger Mitleidsbekundungen. »Oooh, Tibby. Armer Tibby. Brave Katze.«

Tibby schnaubte und lief die Stufen hinunter. Als sein Schwanz aus dem Blickfeld verschwand, sagte ich wieder: »Und was machen wir jetzt?«

»Wir warten«, antwortete Wendy.

Eine halbe Stunde später ging Wendy hinunter. Tibby lag auf der Couch, Fibby auf einem Stuhl. Die Kamera machte brav ein Foto pro Minute. Uns lief die Zeit davon.

SAN FRANCISCO
CAT
CAM

»Ruiniere ich das Experiment, wenn ich Tibby hinaussetze?«, rief sie nach oben. Wir beschlossen, nein.*

Wendy hob Tibby hoch und trug ihn in den Garten. »Geh zu deiner Freundin!«, befahl sie. Dann zwangen wir uns, mit der Arbeit anzufangen. Hatten wir nicht alles Nötige getan? Den Rest musste jetzt die Kamera erledigen.

Mein Arbeitstag bestand darin, mir auf der Couch liegend auszumalen, wo Tibby hingegangen sein mochte. Es heißt, Katzen hätten Reviere, manchmal sogar recht große. Na ja, diese These stützten die GPS-Daten nicht gerade. Tibby schien hauptsächlich in unserem Wohnblock herumzustreunen, wie ich immer vermutet hatte. Genau genommen düste er herum wie eine Katze auf Speed. Doch gelegentlich überquerte eine rosafarbene Linie die Straße.

Ich wusste, dass GPS-Tracker manchmal »Anomalien« aufzeichneten, gerade in Städten, wo sich Satellitensignale überkreuzten, von hohen

---

* Unser streng wissenschaftliches Vorgehen:
Wendy: »Bist du dir sicher, dass wir das Experiment nicht ruinieren?«
Caroline: »Nein, bin ich nicht. Aber die Kamera läuft. Kannst du ihn hinaus scheuchen, ohne ihn direkt zu vertreiben?«
Es folgen einige zaghafte Scheuchversuche.
Wendy: »Er rührt sich nicht. Ich trage ihn jetzt hinaus.«
Caroline: »Na gut.«

Gebäuden reflektiert wurden, in engen Gassen verschluckt oder sogar von Tibbys vorstehendem Kinn absorbiert wurden. Ließen sich die Straßenüberquerungen so erklären? Oder streunte Tibby wirklich zwei oder noch mehr Straßen weiter?

Ich war hin- und hergerissen. Ein Teil von mir wünschte sich, dass Tibby in der Nähe blieb. Andererseits hätte das bedeutet, dass er nicht nur fünf Wochen ausgeblieben war, sondern auch meine verzweifelten Rufe und damit mich ignoriert hatte. Also wünschte sich ein anderer Teil in mir, dass er weit weg gewesen war. Jeden Abend hatte ich »Tibby, Tibby« gerufen, bis meine Nachbarn mich hassten. Er wäre doch sicher zurückgekommen, wenn er meine Klagerufe gehört hätte. Oder?

Verstand: Aber er ist nicht zurückgekommen.

Verleugnung: Was bedeutet, dass er mich nicht gehört hat. Also muss er weit weg gewesen sein, außer Hörweite.

Verstand: Die GPS-Daten weisen aber nicht darauf hin.

Verleugnung: Okay, er war in der Nähe, aber er steckte fest. Ja, gefangen in einem fremden Haus.

Verstand: Und warum schien er dann bei seiner Rückkehr so gesund und glücklich?

HÖRTE TIBBY MICH?

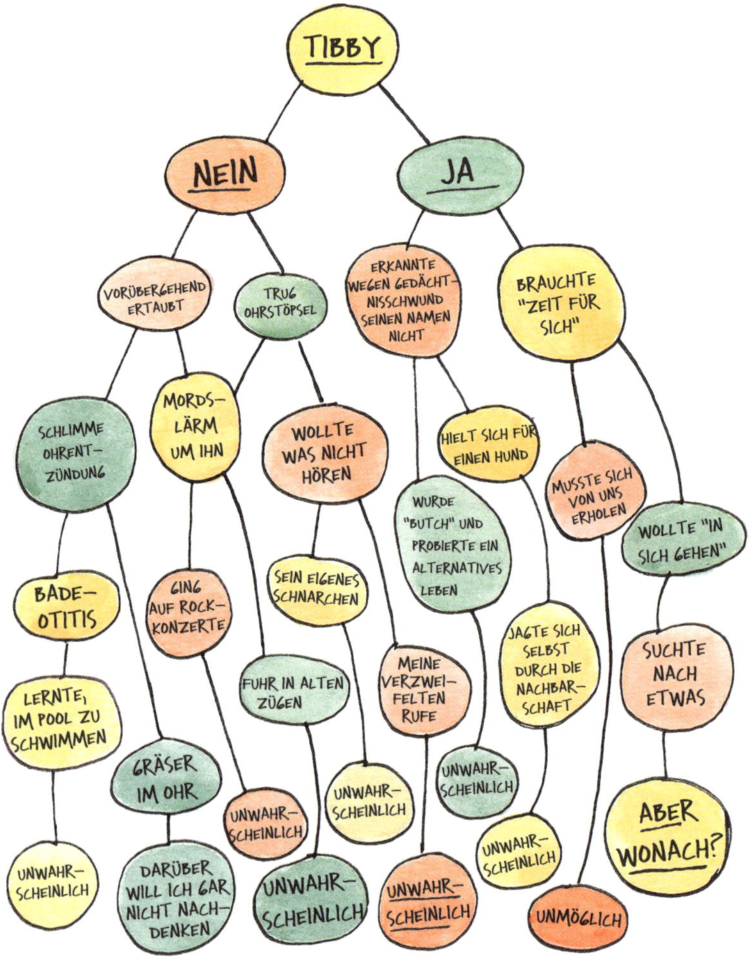

Verleugnung: Wie auch immer. Wenigstens geht er jetzt nicht mehr dorthin zurück, wo er vorher war. Äh, weit weg.

Verstand: Aber hier frisst er nicht. Bedeutet das nicht, dass er irgendwo anders etwas bekommt? An einem Ort, den er kennt und den das GPS aufgezeichnet hat?

Verleugnung: Nein.

Allmählich kristallisierte sich heraus, dass ich selbst Anomalien hatte, pinkfarbene Hoffnungen, Annahmen und Verletzungen. Wer hätte es mir verdenken können? Nach 13 gemeinsamen Jahren! Guten Jahren, wie ich geglaubt hatte. 13 Jahre hatte ich mich um ihn gekümmert, ihn gestreichelt, gebürstet, ihm sauberes Wasser, Platz auf dem Sofa, Platz im Bett, Platz in meinem Herzen geboten. Alles weggeworfen, einfach so. 13 Jahre Futter, das gesunde Nieren, seidiges Fell, starke Krallen, Idealgewicht, eine gesunde Blase, blitzende Zähne, eine feuchte Nase, gespitzte Ohren und einen gestreckten Schwanz versprach. Alles vergessen. 13 Jahre Liebe, verschmäht.

Wieso?

Vielleicht hatte Tibby beschlossen, die Welt zu erkunden wie Ernest Shackleton. War er losgezogen, um eine Flagge ins Eis zu rammen und dann geadelt zu werden, berühmt und geehrt in höchsten Katzenkreisen? Sehnte sich Tibby danach, dass Biografien über ihn geschrieben und Filme über ihn gedreht würden? Gab es nicht Kontinente zu durchqueren und Berge zu besteigen, gegen alle Widerstände, um es so in die Katzen-Ruhmeshalle zu schaffen?

Oder vielleicht hatte er einfach eine überfällige Selbstfindungsphase genommen? Eine Zeit des Rumspringa, wie die Amischen es nennen? Hatte er sich in das wilde Leben dort draußen gestürzt, auf der Suche nach Abenteuern, die er hier nicht fand, nur um dann reumütig heimzukommen, als der Reiz des sündigen Lebens verblasst war?

ICH GLAUBE, ER WILL NOCH EINMAL TANZEN.

Oder hatte er sich auf eine spirituelle Reise begeben? Versuchte er sich mit der Tatsache auseinanderzusetzen, dass seine Jugend hinter ihm lag und er den Sinn des Lebens immer noch nicht entdeckt hatte? War Tibby auf einen Katzen Walkabout gegangen?

Ich schreckte jäh aus meinen Träumereien, als unser Held einige Stunden später zurückkam. Rasch nahm ich ihm die Kamera ab.

Und das sah ich:

Den Schurken.

»Der Schurke!«, rief ich, und Wendy kam gelaufen. Sie sah mir über die Schulter.

»Das bin ich.«

Die übrigen Fotos waren ebenso wenig hilfreich. Offenbar war Tibby, unfreiwillig in den Garten gesetzt, einfach dort geblieben, bis der Kamera der Speicherplatz ausging.

Es gab Katze-unter-unserer-Bank-Bilder.

Es gab Katze-blickt-in-den-Himmel-Bilder.

Es gab Katze-spiegelt-sich-in-der-Glastür-Bilder.

Aber nichts Verwertbares. Keine Fotos vom Südpol, aus den Bordellen Pennsylvanias oder vom australischen Outback.

Und in jedes Bild hingen Tibbys Schnurrhaare.

»Süße Schnurrhaare«, meinte Wendy.

8.

Wir beschlossen, die Kamera auf einen längeren Abstand zwischen den Fotos zu programmieren. Sie würde nach wie vor hundert Aufnahmen machen, aber im Abstand von fünf Minuten. Damit könnten wir achteinhalb Stunden von Tibbys Tag aufzeichnen. So musste es uns doch gelingen, einen Blick auf sein geheimes Leben zu erhaschen!

Wenn ich schreibe: »Wir beschlossen, die Kamera auf einen längeren Abstand zwischen den Fotos zu programmieren«, meine ich: »Wir kämpften mit der Bedienungsanleitung und hofften, den Abstand zwischen den Fotos vergrößert zu haben.« Für ein so kleines und unscheinbares Gerät war der Fotoapparat reichlich kompliziert! Und mit »reichlich kompliziert« meine ich, dass die Kamera uns einen kräftigen Tritt in unsere Technik-Banausen-Hintern verpasst hat!

Ich mailte dem Hersteller, einem Deutschen, der die Kameras selbst baute und sehr hilfsbereit war. Doch aufgrund der Sprachbarriere und meiner eigenen Inkompetenz, kamen wir allen Versuchen zum Trotz kaum weiter. Schließlich machten Wendy und ich, was die meisten Menschen an diesem Schnittpunkt von Hoffnung und Verzweiflung tun würden: Wir improvisierten.

Ich überspielte die neuesten Bilder mit der Gier eines Drogenabhängigen auf meinen Computer. Das hier sind ein paar typische Beispiele:

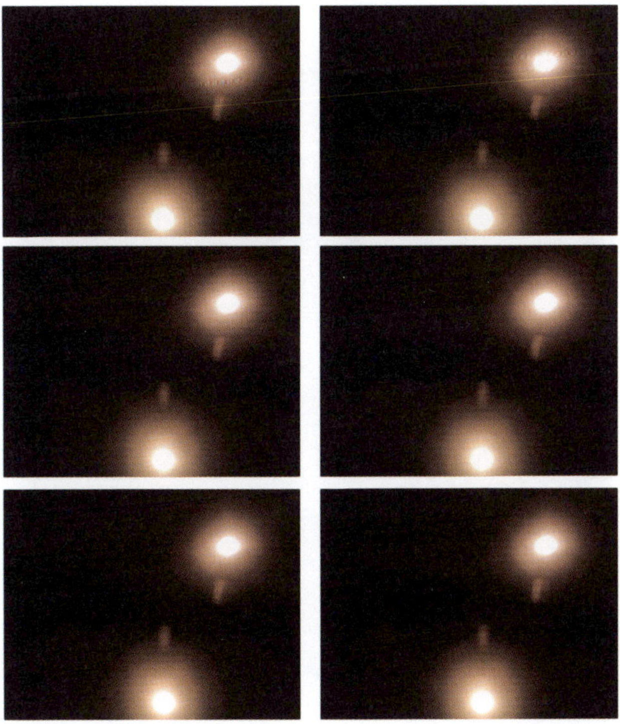

Ja, die Hälfte der Fotos zeigte Deckenlampen. Unsere Deckenlampen.

Die andere Hälfte war nicht besser:

Auch die folgenden Runden brachten wenig spektakuläre Ergebnisse. Einmal bekamen wir eine Fotoserie von einem gerahmten Bild, das bei uns gegenüber der Couch an der Wand hängt. Während ich sie durchging, konnte ich förmlich das Schnarchen einer Katze hören. Ich schöpfte neue Hoffnung, als das nächste Bild unsere Treppe zeigte – Tibby unterwegs. Doch die Hoffnung wurde von einer neuen künstlerisch wertvollen Fotoserie schnell wieder zerschlagen: einer Abfolge verschwommener Grüntöne. Dieser Blick bot sich der Kamera auf der grünen Daunendecke in unserem Gästezimmer.

Wendy betrachtete die Fotos, nickte und bemerkte, zumindest seien die Bilder äußerst aufschlussreich.

»Inwiefern?«, grummelte ich.

»Jetzt wissen wir, dass Tibby viel schläft.«

Fibby beobachtete unsere Aktionen mit geschmerztem Blick. Tibby wurde betüttelt, und obwohl Fibby von uns genauso viel Aufmerksamkeit bekam wie immer, gefiel ihr das gar nicht.

Ich liebte Fibby, auch wenn ich um ihre Fehler wusste: Sie war das charmante, kluge, emotional bedürftige Mädchen in der Mittelstufe, das dicke Kinder und picklige Jungs ausgrenzte, das vernehmlich hinter dem Rücken anderer lästerte, das sich über das Kind mit den Schienen am Bein offen lustig machte, das gemeine Gerüchte verbreitete und andere dazu ermunterte, es ebenfalls zu tun, das anderen Schülern das Geld fürs Mittagessen stahl, das beim Beruf ihrer Eltern schwindelte und das, all dem zum Trotz, von allen Mitschülern beneidet und geliebt wurde.

Tibby war der Junge mit den dicken Brillengläsern, dessen Bücher jeden Tag im Dreck landeten. Fibby wäre nie mit ihm befreundet gewesen. Liebten sie sich überhaupt, wie Zwillinge es sollten? Schwer zu sagen.

Und doch.

Es gab Zeiten, da kam ich ins Wohnzimmer und ertappte beide auf der Couch. Bei meinem Eintritt wendeten sie die Köpfe synchron in meine Richtung und starrten mich mit identischem Gesichtsausdruck an. Als wären sie Erwachsene, die mit Martinigläsern vor sich um einen Bridgetisch saßen und gerade über das Flittchen von nebenan lästerten, und ich das verschlafene Kind, das plötzlich im Türrahmen erschien. In diesen Momenten glaubte ich Amüsiertheit, Heimlichtuerei und verschwörerische Selbstgefälligkeit in den Gesichtern meiner Katzen zu lesen. Ich hielt abrupt inne, vom Gefühl übermannt, meine Katzen völlig verkannt zu haben. Machten sie sich gar leise über mich lustig? Doch dann stand Fibby auf, reckte sich und kam herüber. Sie sah Tibby warnend an, woraufhin er sich trollte, all meinen Protesten zum Trotz. Dann kletterte Fibby auf meinen Schoß, rollte ihren gedrungenen Körper zu einem Komma und sah mich liebevoll an.

Sie reckte die Ohren vor, neigte den Kopf und schließlich flatterten ihr die Augenlider herunter wie Taschentücher aus einem Fenster. Ihr infamer Plan war aufgegangen: All meine Zweifel waren zerstreut, und es blieb nur die rosafarbene, blubbernde Unordnung meines Herzens, ein dümmliches Lächeln und ein vor Liebe glasiger Blick.

Ein paar Mal überspielte ich noch Bilder aus der Kamera, ein paar E-Mails gingen noch zwischen dem Hersteller und mir hin und her, dann gab ich auf und nahm Tibby die Kamera ab. Sie würde uns keine Antworten liefern können. Die Frage blieb aber: Wo fraß Tibby?

Tibby war immer ein eher gleichgültiger Esser gewesen. Aber wir lebten in San Francisco, und täglich entdeckten mehr Menschen den Feinschmecker in sich. Entrüstet wiesen sie Burritos zurück, die sie gestern noch gerne vertilgt hatten, und schworen plötzlich auf Mahlzeiten, in denen die Nahrung geschäumt, flambiert, kanneliert oder zu daliesken Türmen gestapelt wurde. Vielleicht war es Tibby ja ebenso ergangen. Vielleicht hatte er auf seinen Streifzügen den Gourmet in sich entdeckt.

Also räumte ich das fettreduzierte Futter weg, das das Fell seidig, das Gebiss weiß, die Ohren steif und den Schwanz gerade machte, und füllte seinen Napf mit neuen Genüssen, mit ganzen Shrimps, orange leuchtenden Karotten und betörenden Aromen. Dann dimmte ich das Licht, legte sanfte Musik auf und flötete, das Abendessen stehe bereit. Nein, ich wusste nicht, bei wem Tibby fraß. Aber ich würde diese Tussi mit ihren eigenen Waffen schlagen.

Tibby rümpfte die Nase.

Kein Problem. Ich öffnete eine weitere Dose (cremiges Entenconfit mit violett leuchtender Au-

ANALYSE DER NAHRUNGSMITTELAUFNAHME ÜBER EINEN 24-STUNDEN-ZEITRAUM

NAHRUNGSMITTEL	VERZEHR
A. WASSER	MINIMAL. MIAUTE DAS WASSER HAUPTSÄCHLICH LAUT AN, SPRITZTE ES MIT DER PFOTE HERUM, MACHTE NASSE STAPFEN IM GANZEN HAUS
B. TROCKENFUTTER (BIO, SAUTEUER)	NULL
C. TROCKENFUTTER (BUNT, BILLIG)	NULL
D. LIEBLINGSDOSENFUTTER	NULL
E. WEISSER THUNFISCH	MINIMAL
F. LECKERLIS	NULL
G. LIEBLINGSLECKERLIS	NULL

bergine) und rief noch einmal. Aber wieder rümpfte er die Nase. Und wieder und wieder.

Bei jedem Naserümpfen zwitscherte ich: »Kein Problem. Ich hab was anderes Leckeres für dich.«

Ich hielt das tagelang durch. Ich wischte seinen Napf aus, füllte etwas Neues hinein, rief ihn und lächelte breit – bis meine Stimme vom Rufen heiser war, meine Gesichtsmuskeln vom aufgesetzten Lächeln müde und meine Schürze ausgeleiert. Irgendwann gab ich mich dann geschlagen und füllte wieder das fettreduzierte, fellfreundliche, gebisspflegende, ohrenaufstellende, schwanzbegradigende Futter in seinen Napf.

Dafür machte ich mit dem GPS weiter. Was Besseres wussten wir momentan nicht. Doch die Aufzeichnungen bestanden weiterhin aus unzähligen Linien kreuz und quer durch die Nachbarschaft. Ich kam nicht weiter: Die Kamera hatte sich als Flop erwiesen und keinerlei Hinweise geliefert. Und aus dem GPS wurde ich nicht schlau.

»Massenhaft Daten, die uns aber nichts sagen«, jammerte ich Wendy vor. »Es geht uns wie der Homeland Security.«

»Ein bisschen was hat die Aktion aber schon bewirkt«, entgegnete Wendy.

»Wie?«, rief ich.

»Du wirkst weniger niedergeschlagen.«

Das stimmte. Es ging mir allmählich besser, die Beschäftigung tat mir gut. Mein Fußgelenk heilte zwar weiter nur im Schneckentempo, aber ich hatte ein Leuchten in den Augen und eine Aufgabe im Herzen. Zugegeben, das Leuchten hatte etwas Manisches, und ich war von meiner Aufgabe etwas zu besessen, aber die Lebensgeister kehrten langsam zurück.

In meinem neu gefundenen Elan beschloss ich eine drastische Maßnahme: Ich würde die Katzensprache lernen.

»FRESSEN?«
»ICH VERSTEHE NICHT… FRESSEN?«
»IM ERNST, WOVON REDEST DU? FRESSEN?«
»OH MANN, DAS KANN SICH HINZIEHEN.«

9.

Man möchte ja meinen, nicht viele Menschen besuchen Tierkommunikationskurse. Eine Handvoll vielleicht? Von wegen!

In einem Seminarraum in Marin County warteten fünfzig Leute gespannt auf den Beginn des Vortrags. Speichel tropfte, massige Körper lagen auf dem Boden, Metall klapperte – dreißig Zuhörer hatten ihre echten, lebenden Hunde mitgebracht. Dazwischen hörte man das leise Rascheln von Papier; die

Hundelosen unter uns hatten Fotos ihrer Haustiere mitgebracht. Auf meinem Schoß lag ein zweidimensionaler Tibby, aus einem etwas verknitterten Kopf starrten mich Alienaugen an. Ein behäbiger schwarzer Neufundländer beschnüffelte mich, sah mich traurig an und legte sich hin.

Ich weiß, versuchte ich ihm zu vermitteln. *Blöde Menschen.*

Ich war hin- und hergerissen. Einerseits zählte die Skeptikerin in mir die Teilnehmer im Raum und überschlug, wie viel die Vortragende heute verdienen würde. Doch andererseits blickte ich auf Tibbys Foto und beschied ihm: »Heute plaudern wir ein bisschen miteinander.«

Die Rednerin war eine Wissenschaftlerin und ging auch die Kommunikation mit Tieren wissenschaftlich an. Und ihr wissenschaftlich fundiertes Urteil lautete, jeder Mensch könne lernen, mit Tieren zu kommunizieren.

Sie erklärte: »Um mit Tieren zu reden, braucht es nur liebende Absicht, gefolgt von Gedanken.«

Sie fuhr fort: »Die Gedanken sind am wirkungsvollsten, wenn sie in Bildern verfasst sind.«

Und: »Um Nachrichten zu empfangen, braucht es einen offenen Geist. Ihre Aufgabe besteht nicht darin,

Botschaften herauszufiltern, sondern darin, wahr- und aufzunehmen.«

Und: »Der erste Gedanke, der Ihnen in den Sinn kommt, stammt wahrscheinlich von Ihrem Tier.«

Und: »Damit die Kommunikation gelingt, müssen Sie die Tatsache vergessen, dass Sie mich für verrückt halten.«

Dann erkundigte sie sich, ob wir noch Fragen hätten. (»Und, sind Sie verrückt?«, flüsterte die Skeptikerin in mir leise und lachte boshaft.) Es gab tatsächlich Fragen. Eine junge Frau hob die Hand. Ihre Katze, berichtete sie, sei kürzlich gestorben. Wie könne sie mit ihr kommunizieren?

»Formulieren Sie all Ihre Fragen in der Vergangenheitsform«, riet die Vortragende und nickte mitfühlend.

Jemand anderes wollte wissen, wie man mit Kojoten sprach. Ein weiterer, ob sein Hund und seine Katze miteinander kommunizieren könnten.

Dann wandte sich die Dozentin einem Beagle zu, der in ihrer Nähe lag. Sie betrachtete ihn, hob ihn vom Boden auf und nahm ihn in den Arm. Er hatte schwermütige Augen, eine ergraute Schnauze und einen resignierten Blick. Dies sei ihr Beagle, erzählte sie, und wir würden uns jetzt mit ihm unterhalten.

Neugierig beugten wir uns vor, um nur ja nichts zu verpassen.

Und das passierte als Nächstes: Die Dozentin schickte dem Hund Gefühle der Liebe. Sie bat um Erlaubnis, ihm Fragen zu stellen. Sie bat ihn, uns von sich zu erzählen. Oder zumindest geschah das angeblich. Aus meiner Warte sah es so aus, als starre sie ihn einfach an. Vielleicht schaute sie nach, ob er Flöhe hatte.

Wir sollten die Informationen empfangen, die der Beagle aussandte, und niederschreiben. »Befreien Sie Ihren Geist«, mahnte uns die Dozentin, während wir auf Nachricht von unserem hündischen Freund warteten. »Vergessen Sie nicht: Das Erste, was Ihnen einfällt, stammt wahrscheinlich von ihm.«

Ich schrieb: »Schwermütige Augen, alt, Teppich, Spargel, Rosenkohl, rote Jacke.«

Was das bedeutete? Keine Ahnung. Jedenfalls hatten wir am Vorabend Spargel und Rosenkohl gekocht. Ich hatte eine rote Jacke, die ich an jenem Tag fast angezogen hätte. Wir hatten Teppiche. Konnte es sein, dass die Bilder in meinem Kopf nicht vom Beagle stammten, sondern aus meinem eigenen Leben? Ja. Als die Dozentin uns dann anwies, zu rufen, was wir empfangen hatten, schwieg ich deshalb lieber.

Hier einige der »empfangenen Informationen«:

Liebt Nahrung!

Ist gern draußen!

Liebt Hunde!

Mag es nicht, verkehrt herum gehalten zu werden!

Die Dozentin wirkte begeistert.

Hängt gern auf der Veranda herum!

Liegt gern im Gras!

Spielt mit anderen Hunden!

Die Dozentin klatschte glücklich.

»Das war VERBLÜFFEND«, jubelte sie. »Alles hat genau gestimmt.«

»Ach nee«, dachte die Skeptikerin in mir.

In meiner Nähe tänzelte ein weißes Hündchen herum und reckte sein kleines rosa Näschen in die Luft. Es trug einen Hundepullover, auf dem gut in Glitzerschrift VERZOGEN stehen hätte können. Die Skeptikerin in mir hätte gern die Hand gehoben und eingewendet, dass diese Aussagen, ähem, doch für alle Hunde gälten. Doch ich hielt mich zurück, ich wollte den anderen nicht die Freude verderben.

Nun wurde es Zeit, mit dem eigenen Tier zu sprechen. Ich starrte auf Tibbys zweidimensionales Gesicht in meinem Schoß. Ich nahm mir

liebende Absicht vor, öffnete meinen Geist, sandte Zuneigung und erwartete eine prompte und möglicherweise kryptische Antwort von Tibby. Meine Aufgabe bestand darin, wahr- und aufzunehmen. Schließlich fragte ich ihn: »Können wir reden?«

Eine Zeit lang starrte Tibby mich nur an, mit einer weißen Falte im Auge, wo das Papier geknickt gewesen war.

Plötzlich überschlugen sich die Gedanken nur so in meinem Kopf.

»Bleibt Wendy?«, fragte Tibby. »Bekommen wir noch einen Lehnstuhl? Beruhigst du dich wieder?«

»Bin ich nicht ruhig?«, fragte ich in einem Gedankenbild zurück.

»Nein. Du scheinst dir Sorgen zu machen. Über die Zukunft. Die Vergangenheit. Was ist an Zukunft und Vergangenheit so besonders?«

»Weiß nicht«, antwortete ich. »Darüber machen Menschen sich nun mal Sorgen.«

»Na ja, Menschen sind ziemlich blöd«, antwortete Tibby.

»He!«, sagte ich und untermalte das mit einem Gedankenbild, auf dem BELEIDIGT stand. »Dieser Mensch hier hat dich 13 Jahre lang gefüttert und umsorgt.«

Tibby ignorierte das. Was ich stattdessen hörte: »Was ist eigentlich mit deiner Verletzung? Wird das je wieder gut?«

»Himmel, wenn ich das wüsste«, antwortete ich, gerührt, dass er sich sorgte.

Stille.

»He, der Unterricht endet gleich. Ich muss aufhören«, erzählte ich.

»Ihr Menschen, immer in Eile!«, sagte Tibby. »Weißt du, diese Verletzung könnte sich für dich als Segen herausstellen.«

»Echt?«, fragte ich. Doch Tibby war schon verschwunden.

Die Dozentin lobte uns: »Super Arbeit! Was für ein Erfolg!« Aber ich war mir da nicht so sicher. Hatte ich wirklich mit Tibby geredet oder nur mit mir selbst?

Wieder zu Hause, starrte ich Tibby in die Augen und versuchte alles anzuwenden, was ich an jenem Tag gelernt hatte. Ich starrte ihn an, und er starrte mich an.

Nichts.

Irgendwann wurde Tibby unseres Spiels überdrüssig, legte den Kopf auf die Pfoten und schlief ein.

10.

Tibbys Zwillingsschwester Fibby hingegen redete dauernd mit uns. Hier eine ungefähre Übersetzung ihrer Miaus:

KATZENSPRACHE	MENSCHENSPRACHE
MIAU	HALLO
MIAU	WACH AUF. WACH AUF. WACH AUF. WACH AUF. WACH AUF. WACH AUF. WACH AUF. WACH AUF. WACH AUF.
MIAU	ICH HABE EIN GESCHENK FÜR DICH. ENTSCHULDIGUNG, DASS ES AUF DEN TEPPICH GEBLUTET HAT.
MIAU	DAS WASSER AUS DEINEM GLAS SCHMECKT BITTER.
MIAU	WARUM ISST DU DIE GANZE SCHOKOLADE?
MIAU	ICH WEISS, DIE BADTÜR IST ZU UND DU BIST DRIN. ABER WARUM?
MIAU	DU BIST NICHT PERFEKT, ABER ICH LIEBE DICH TROTZDEM.

Und doch entging mir die eine Nachricht, die ich hören hätte sollen:

»ICH BIN KRANK«

Am Vortag hatte Fibby gewirkt, als fühle sie sich unwohl. Doch sie hatte geschnurrt, wenn wir sie streichelten, gegessen, was wir ihr gaben und mit ihren Katzenaugen geklimpert. »Alles ist prima«, beschied ich Wendy. Wir machten Pläne fürs Wochenende.

Es war ein herrlicher, sonniger Nachmittag. Wir verließen das Haus, um ihn zu genießen. Ein Ausflug! Wendy hatte recht: Es ging mir besser.

Als wir am Abend heimkamen, konnten wir Fibby nicht finden.

»Fibby«, rief Wendy. »Fibby?«

Wir lauschten, doch keine Katzenschritte.

Nichts.

Ich mühte mich die Stufen hoch. Sie lag nicht an ihrem Lieblingsplatz auf dem Bett. Sie lag nicht an ihrer Lieblingsstelle auf dem Teppich. Sie lag nicht auf ihrem Lieblingssessel. Dafür fand ich Tibby. Er saß inmitten des Arbeitszimmers, und sein Blick verkündete Unheil.

»Fibby, Fibby«, rief ich, erst ruhig, dann aber

immer dringlicher. Auf dem Badezimmerteppich war eine Urinpfütze.

Schließlich fanden wir sie, hinten in einem Schrank. Sie streckte den Kopf vor, dann tauchten ihre Vorderpfoten auf. Sie kroch ein Stückchen heraus, dann brach sie zusammen.

»Oh nein!«, rief ich, ließ meine Krücken fallen und kniete mich auf den Boden. »Nein, nein, nein.«

Ich zog sie auf meinen Bauch. Sie schwankte, fand kein Gleichgewicht.

»Fibby«, rief ich sie an. Ihre Augen waren glasig. »Fibby!«

Wendy rief den Tierarzt an.

Wir fuhren zur Notaufnahme der Tierklinik. Ich erwartete eine stundenlange Wartezeit, schließlich hatten schwer kranke Tiere Vorrang. Doch die Empfangsschwester blickte in meinen Transportkäfig, zog die Stirn kraus und brachte ihn gleich in ein Behandlungszimmer. Augenblicke später kam der Tierarzt heraus, die Schwester hinterher.

Ich hörte »große Geschwulst im Bauchraum« und »sehr, sehr krank«. Sie führten uns in ein Behandlungszimmer und redeten mit gedämpften Stimmen, als wären wir gefährlich.

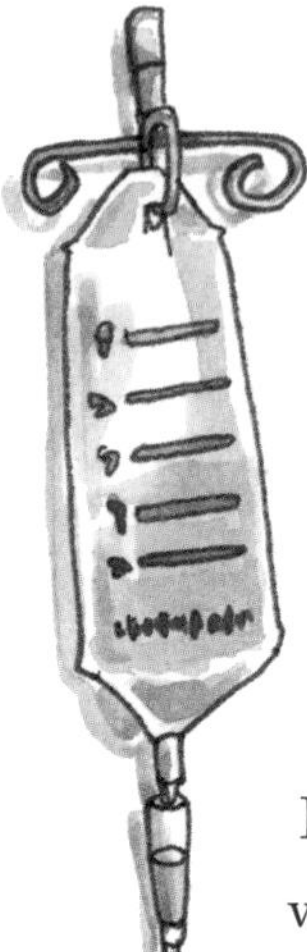

Immer wieder sagte ich zu Wendy: »Ich verstehe das nicht.« Wie konnte ein Tumor in ihrem Bauch wachsen, ohne dass ich etwas davon mitbekam? Wie hatte ich etwas so Großes und Schlimmes übersehen können?

Der Tierarzt sagte: »Sie blutet stark.« Dann erläuterte er unsere Optionen. Gut war keine. Er sprach langsam und leise, wie ein Agent des Secret Service, der seinen Scharfschützen Positionen zuweist. Sein Tonfall drückte aus: Scharfschützen sind unschön, aber nötig. Er ging gar nicht darauf ein, dass ich weinte. Er schloss mit den Worten: »Aber wahrscheinlich hilft alles nicht.«

»Ich möchte nur nicht, dass sie leidet«, sagte ich ihm durch das Taschentuch auf meinem Gesicht. »Was würden Sie tun, wenn es Ihre Katze wäre?«

Na ja, genau genommen kam etwa so etwas raus: »Ch mchte ncht, sss ie eidet«, aber Tierärzte sind geübt darin, Schluchzer in menschliche Sprache zu übersetzen.

»Ich würde sie einschläfern«, sagte er.

Einschläfern? Ich hörte wohl nicht richtig! Einschläfern, das klingt so nach kurzer, erfrischender Siesta, nach Nickerchen! Aber wenn ich Fibby einschläfern ließe, würde sie nie wieder aufwachen. Sie wäre für immer weg.

Fibby lag reglos in ihrem Käfig. Ihre Pupillen waren geweitet, sie wimmerte bei jedem Atemzug. Wir gurrten und flüsterten und streichelten sanft über ihr Gesicht. Einschläfern? Mir war, als hätte ich sie erst gestern vom Tierheim geholt. Erst gestern war sie ein Fellknäuel mit Ohren gewesen, das in meine Hand passte.

Ich versuchte, mit ihr zu kommunizieren. »Sag mir, was ich tun soll.« Ich wollte das machen, was ihr am liebsten war, und was am besten für sie war. Bei Menschen sind das oft zwei verschiedene Dinge, bei Tieren ist es meistens ein und dasselbe.

Sie wimmerte wieder. Ich vergrub mein Gesicht in den Händen. Ich atmete tief durch.

»Schläfern Sie sie ein«, sagte ich.

Wendy trug sie in ein kleines Zimmer hinüber.

Ich dimmte das Licht. Vorsichtig legte Wendy Fibby in meine Arme. Sie war so leicht. Wie konnte sie so leicht werden?

Der Tierarzt sagte ruhig: »Sagen Sie mir, wenn Sie bereit sind.« Als hätte er mir Kaffee angeboten. Ich weinte, wiegte mich vor und zurück, flüsterte mit dem Kätzchen, presste es an die Brust. Ich hätte mehr Zeit gebraucht, aber sie litt offensichtlich große Schmerzen.

Am liebsten hätte ich gebrüllt: »Bereit? Ich werde nie bereit sein!«

Stattdessen sagte ich: »Jetzt.«

Fibby starb schnell. Medikamente sind so effizient.

»Sie ist tot«, sagte Wendy und nahm Fibbys schlaffen Körper aus meinen Armen.

»Wo?«, fragte ich verwirrt. »Wo ist sie hin?«

Erst vor zwei Tagen hatte sie Wendy ihren Kopf in den Arm gerammt, weil sie Aufmerksamkeit brauchte. Erst gestern hatte sie das Gesicht verzogen wie ein alter Mann beim Rasieren, als ich sie am Kinn kraulte. Noch gestern Abend hatte sie ihr Thunfischleckerli gefressen.

Halt, wie könnten ja CatCam und GPS an ihrem Halsband befestigen.

Warte, bitte. Bitte!

Aber sie war weg, und wir konnten ihr nicht folgen.

11.

In den 13 Jahren, die wir zusammen gelebt hatten, hatte Tibby mich nie begrüßt, wenn ich nach Hause kam. Aber an jenem Abend saß er an der obersten Stufe des Treppenabsatzes. Es heißt, Katzen hätten nicht viele Gesichtsmuskeln, weshalb sie ungerührter wirken als etwa ein schluchzender *Homo sapiens*. Doch die Pupillen seiner Alienaugen waren geweitet. Sein Schwanz lag schlaff auf dem Boden. Seine zwei Vorderpfoten lagen nebeneinander, die eine leicht vorgeschoben, wie die Füße eines Balletttänzers vor einem Sprung, und das Fell auf seinem Rücken stand auf. Er brauchte keine Gesichtsmuskeln. Es war offenkundig, dass er eine Frage hatte:

Wo ist Fibby? Wo ist meine Zwillingsschwester?

Still beobachtete er, wie ich mich auf die Krücken stützte. Wie ich mir die Wangen abwischte. Wie ich meine laufende Nase im Ärmel vergrub. Als Wendy neben mir auftauchte, starrte Tibby auch sie an. Dann stand er unvermittelt auf und ging ins Wohnzimmer. Nach wenigen Augenblicken kam er zurück und verschwand im Gästezimmer. Dort schaute er in alle Ecken und unter die Stühle. Als er überall nachgesehen hatte, erschien er wieder. Er setzte sich und stieß ein tiefes Pavarotti-Miau aus, so laut und angsterfüllt, dass es uns beide erschütterte.

»Sie ist weg«, sagte Wendy ihm.

Aber er stand auf, um das nächste Zimmer zu durchsuchen.

Tibby suchte noch tagelang nach Fibby. Wir wissen das, weil er weiter das GPS-Gerät an seinem Halsband trug. Jetzt erzählten die rosafarbenen Linien von der Trauer einer Katze.

Zuerst suchte er im Haus und um das Haus herum, seine Spuren beschrieben Kreise in allen Stockwerken und im Garten.

NICHTWAHRHABENWOLLEN*

Seine Suche wurde immer rastloser, verzweifelter. Er ignorierte Wendy und mich. Er lief mit gesenktem Kopf herum, sein Schwanz zuckte, seine Augen flitzten umher.

---

* »Nichtwahrhabenwollen und Isolation« ist die erste der fünf Phasen des Verlusts, wie Elisabeth Kübler-Ross sie definierte. Hier weigert sich die vom Verlust getroffene Seele, die schreckliche Nachricht zu glauben.

ZORN*

Dann wurden die Linien von Tag zu Tag kürzer, es ergab sich ein Bild wie von einem kollabierenden schwarzen Loch. Er ging nicht mehr in den Garten. Er beschränkte seine Suche auf das Haus selbst. Schließlich rührte er sich kaum mehr.

---

* In dieser Phase kann die Seele, die mit einem Verlust kämpft, wütend auf sich selbst und/oder auf andere, insbesondere Nahestehende, sein.

VERHANDELN*

Das Muster dünnte sich weiter aus und zeigte kaum noch Bewegung. Tibby verlor jeden Antrieb, als ihm allmählich aufging, dass Fibby weg war.

---

* Die Verhandlungsphase war bei Tibby nicht eindeutig erkennbar, aber vielleicht zeigte sie sich dadurch, dass er kaum mehr von zu Hause weg ging: »Ich verspreche, ich streune nicht mehr herum, wenn ich meinen Zwilling zurückbekomme.«

Auf der 13. Karte gab es dann fast gar nichts mehr zu sehen. Tibby lief kaum mehr herum. Hier all seine Bewegungen über zehn Stunden hinweg:

DEPRESSION*

Und auch uns Menschen ging es nicht gut. In meiner Brust klaffte ein Fibby-förmiges Loch. Mehrmals fuhr ich von einem Nickerchen auf der Couch hoch, weil ich zu spüren glaubte, dass Fibby ihren Kopf auf meinen Hals gelegt hatte. Aber da

---

* Tibby hatte aufgegeben.

war keine Fibby. Nur ihr Nachklang, ihre Restwärme, die Erinnerung meiner Körperzellen.

Die Katze, die mich verlassen hatte, war wieder da. Die Katze, die mich nie verlassen hatte, war für immer weg.

Fibbys Asche kam in einem schlichten Holzgefäß. Ich sagte Wendy, ich wolle die Asche im Garten verstreuen, sobald ich die Kraft dazu fände. Was ich ihr nicht verriet: Dass mir das vielleicht nie gelingen würde.*

Wendy lief herum wie betäubt. Den Großteil ihres Lebens hatte sie mwit Tieren nichts am Hut gehabt. Aber jetzt wischte sie sich Tränen aus den Augen und führte Selbstgespräche.

»Fibby fehlt mir«, erzählte sie der Luft.

»Fibby fehlt mir«, flüsterte sie der Stille im Haus zu.

---

* Als mein Vater nach San Francisco zog, brachte er die Asche all seiner Haustiere mit, in den verschiedensten Schachteln und Gefäßen. Er habe nie geschafft, sie zu verstreuen, erzählte er mir, aber jetzt würde er es tun, sehr bald. Nach seinem Tod nahm ich all die ungeöffneten Urnen, auch seine, und verstreute die seidigen Überreste über die Blumen. Lebewohl, Molly. Lebewohl, Divvy. Lebewohl, Twiggy. Lebewohl, Cleo. Lebewohl, Pru. Lebewohl, Itty Bitty Kitty. Lebewohl, Paps. So vollendete ich hustend, was er nie übers Herz gebracht hatte.

»Fibby fehlt mir«, verriet sie mir. Sie packte mich am Arm und verdrückte eine Träne. »Es fühlt sich an, als wäre ein Kätzchenlicht verlöscht.«

»Meinst du nicht *Katzen*licht?«, fragte ich.

»Nein«, schniefte sie. »Ich meinte *Kätzchen*licht.«

12.

Die Wochen vergingen. Ganz allmählich bekamen die Karten wieder rosa Farbe. Die Linien erschienen wieder, breiter und wilder, pulsierend wie ein EKG.

AKZEPTANZ*

* Tibby streunte wieder.

»Und was jetzt?«, fragte ich Wendy ohne große Begeisterung. Sollten wir wirklich weiter versuchen, herauszubekommen, wo Tibby sich herumtrieb? Nach Fibbys Tod fehlte uns beiden dafür der Schwung.

Ja, ich wünschte mir Ablenkung von dem Schmerz, der mein Herz erfüllte.

»Vielleicht sollten wir einen Katzen-Detektiv beauftragen?«, murmelte Wendy. »Wie Jim Carrey.«

Ich dachte, sie macht Witze. Haustier-Detektive gab es doch wohl nicht wirklich, oder? Aber ich suchte im Internet und fand eine ganze Armee.

Etwa »Amerikas anerkanntesten Haustier-Detektiv«. Oder »Elektra, die hellsehende Haustier-Detektivin«. Oder die »Haustier-Detektei mit Polizeimethoden«. Oder den »Top-Spezialisten für verschwundene Haustiere in Amerika«. Ich fand sogar ein Unternehmen mit dem etwas verunglückten Namen »Verschwundene-Haustier-Detektei«, als ob die Detektei selbst verschwunden wäre.

Ich stürzte mich tiefer in die Recherche. Hier einige Dinge, die ich über Haustier-Detektive herausgefunden habe:

- Sie tragen gern kaki.
- Sie arbeiten mit Profiling, wie das FBI.

HAUSTIER-FAHNDUNG
MIT POLIZEIMETHODEN

DIE VERSCHWUNDENE-
HAUSTIER-DETEKTEI

HELLSEHENDE
HAUSTIER-DETEKTIVIN

DER AUFFÄLLIGSTE
HAUSTIER-DETEKTIV
DER WELT

- Sie wissen, welche Größe Plakate haben müssen, und wo man sie aufhängt.
- Sie kennen die optimalen Methoden zum Verteilen von Flugblättern.
- Die meisten erkannten schon in jungen Jahren ihre Fähigkeiten im Aufspüren von Haustieren.
- Viele arbeiten mit Spürhunden.
- Einige nutzen ihren siebten Sinn.
- Der eine oder andere verfügt über außersinnliche Wahrnehmung.
- Sie tragen Schlapphüte.

Was ist die Profilingtechnik des FBI? Diese Frage stellte ich einer hellseherisch veranlagten Haustier-Detektivin, die trotz ihrer übersinnlichen Kräfte auch mit traditionellen Methoden arbeitete. »Wiiir ställen Pragen zur Fersönlichkeit Ihräs Tiers, wie Kriminalkommissarä«, erwiderte sie in einem unidentifizierbaren, möglicherweise erfundenen Akzent.

»Es gibt also eine Datenbank mit Katzenprofilen?«, hakte ich nach.

»Nain, nain, wiiir arbeitän miiit Herpahrung«, antwortete sie. »Zum Baispiiiel kan ich sagän, Ihre Katzä hat sisch verirrt, hat nischt eim gefundän. So sind Katzän.«

»Er wirkte aber gar nicht verirrt. Als er heimkam, war er dick und zufrieden. Offenbar geht er immer mal wieder zurück.«

»Ja, ja«, bestätigte sie. »Sähr verirrt.«

Einem anderen Haustier-Detektiv schrieb ich eine E-Mail, in der ich die Lage beschrieb und um seine Hilfe bat. Katze! Unfall! Katze weg! Niedergeschlagenheit! Katze wieder da. Katzen-Tracking. Hilfe? Der Haustier-Detektiv verstand gar nicht recht, wo mein Problem lag. Er bat mich, einen angehängten Fragebogen zu meiner Katze auszufüllen und ihm Geld zu schicken.

Meine Katze war aktuell gar nicht verschwunden, erklärte ich ihm ein zweites Mal. Sie war nur weg gewesen. Aber damit überforderte ich diesen Haustier-Detektiv – oder er fand mein Vorhaben blödsinnig. Er hatte mit der Suche nach aktuell verschwundenen Katzen genug zu tun. Unsere Korrespondenz endete.

Die nächste Detektivin rief nie zurück. »Sie hält dich für verrückt«, neckte mich Wendy.

»Ich finde, Haustier-Detektive haben nicht das Recht, darüber zu befinden, was verrückt ist und was nicht«, antwortete ich.

Schließlich wandte ich mich an eine Haustier-Detektivin, die mit Spürhunden arbeitete. Sie verriet mir, dass Tibbys alte Spur längst verweht sei. Sie riet mir, beim GPS-Gerät zu bleiben.

Also humpelte ich in die Bücherei und lieh mir ein Buch aus: *Die Geheimnisse eines Privatdetektivs: So werden Sie selbst einer.* Ich las es und schrieb nieder, was ich bisher wusste:

- Tibby isst auswärts.
- Und zwar dort, wo er früher schon länger geblieben ist.
- Dieser Ort ist weit weg, außer Hörweite. Mindestens zwei Straßenzüge, vielleicht auch zwanzig.

Wendy betrachtete meine Liste. Sie schwieg eine Zeit lang. Schließlich sagte sie: »Nichts von dem ist erwiesen.«

»Detektivische Schlussfolgerungen«, erklärte ich von oben herab. Ich wedelte mit dem Detektivbuch.

»Das hier besonders«, sagte Wendy und deutete auf meine dritte These. »Laut GPS streunt Tibby nie so weit von zu Hause weg.«

»ICH RIEF IHN JEDEN ABEND«, erklärte ich ihr geduldig. »Wenn er mich GEHÖRT hätte, wäre er natürlich heimgekommen. Immerhin HEULTE ich. Er hätte mich nie ignorieren können, nicht fünf Wochen lang, nicht, wenn ich HEULTE. Wir leben seit DREIZEHN Jahren zusammen. Also. Ergo. Erwiesen.«

Ich sah sie an wie eine zurückgebliebene Schülerin.

Wendy schien vorübergehend beeindruckt von meiner Schlussfolgerung.

»Meinetwegen«, pflichtete sie mir schließlich zu, in dem beruhigenden Tonfall, den wir annehmen, wenn wir mit psychisch labilen Menschen reden, die an der Dachkante stehen. Dann legte sie mir die Hand auf die Schulter, blickte mir tief in die Augen und sagte: »Vielleicht sollte ab jetzt ich übernehmen.«

13.

Es wurde Zeit, dass Wendy einschritt. Hellseher, CatCam, Tierkommunikationsseminare, Haustier-Detektive – meine Methoden hatten versagt.

»Wir nehmen uns die GPS-Karten wieder vor«, beschloss sie. »Wir haben jetzt 22 davon. In ihnen liegt die Antwort.«

»Aber man sieht doch nur Krickelkrakel!«, jammerte ich.

Das stimmte. Ein Zuviel an Information war, nun ja, zu viel. Das wirre Zickzack erinnerte an moderne Kunst.

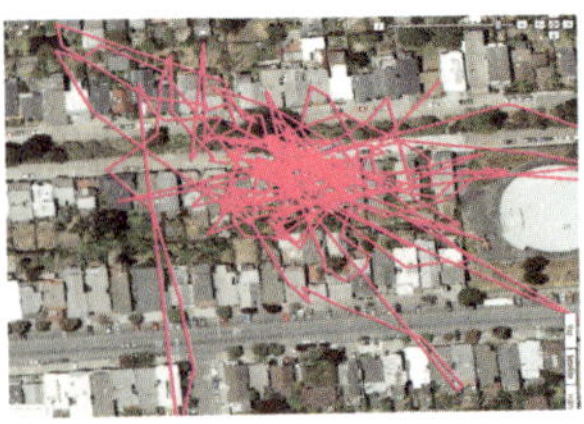

VON TIBBY

VON JACKSON POLLOCK

Wendy tätschelte mir das Knie und räumte ein, ja die Linien wirkten in der Tat etwas chaotisch wie das EKG eines Patienten mit Herzrasen. Ja, die aufgezeichneten Daten könnten wegen der Störung durch hohe Gebäude, Vegetation und Tibbys Kinn verfälscht sein. Und ja, momentan sei es wirklich unmöglich, aus diesem extremen Durcheinander von Linien schlau zu werden, da konnten wir noch so lang konzentriert draufstarren.

»Aber es gibt noch eine Methode.«

Sie winkte mich zum Computer und wies mir einen Stuhl an wie eine Stewardess einem widerspenstigen allein reisenden Kind. Sie setzte sich neben mich. Sie tippte auf die Tastatur. Der Monitor erwachte. Sie rief die erste Karte auf, dieses Feuerwerk aus rosafarbenen Linien, grünen Bäumen und grauen Straßen. Dann öffnete sie die zweite Karte mit einem ebenso wilden Muster. Dann fuhrwerkte sie ein bisschen mit der Maus herum. Mit den geübten Handbewegungen eines Dompteurs wies sie einen Löwen nach dem nächsten an, durch den brennenden Reifen zu springen. Als sie sich schließlich zurücklehnte, waren die Straßen und Bäume und Häuser auf der zweiten Karte verschwunden, nur die Linien blieben.

Jetzt legte sie die zweite Karte über die erste, sodass beide Bewegungsprofile übereinanderlagen.

Dieses Zauberkunststück wiederholte sie mit der dritten, vierten, fünften und sechsten Karte. Mit wenigen Mausklicks ließ sie auf den Karten alles verschwinden außer Tibbys Spuren. Dann legte sie eine auf die nächste, bis sie in einem ordentlichen digitalen Stapel übereinanderlagen.

Jetzt konnten wir alle Tracks in einem einzigen Bild sehen.

»Verblüffend!«, rief ich. In früheren Jahrhunderten wäre Wendy für solche Magie auf dem Scheiterhaufen gelandet. »Aber man sieht immer noch nur Chaos.«

»Zeig mir die Orte, wo die Linien sich ballen«, wies Wendy mich an.

Konzentriert beugte ich mich vor. »Da«, sagte ich und legte einen Finger behutsam auf den Monitor. »Hier vielleicht« – ein weiterer Fingerabdruck. »Da?«

Wendy nickte und markierte jede Stelle mit einem digitalen blauen Punkt.

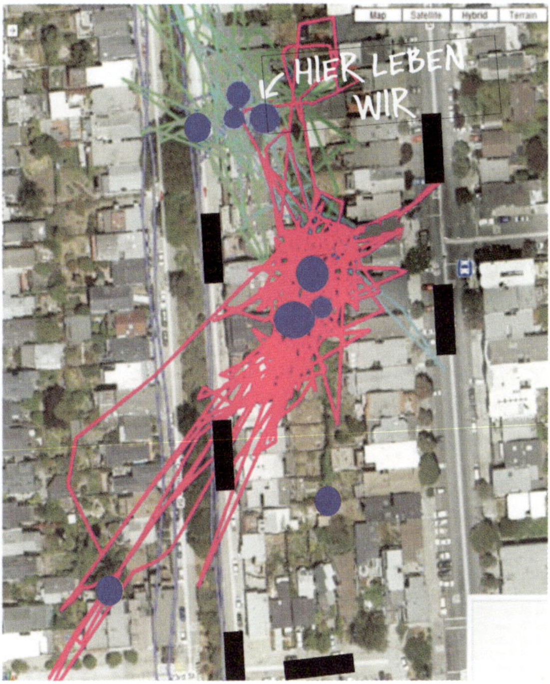

Dann nahm sie die nächsten sechs Karten, reduzierte sie auf die Linien, legte sie übereinander und markierte die auffälligen Stellen. Und wieder sechs. Dann die letzten vier.

Jetzt hatten wir vier Kartenstapel mit Tibbys Lieblingsorten. Mit einer letzten dramatischen Geste legte Wendy diese Kartenstapel nun übereinander und schuf so eine Masterkarte mit Tibbys Lieblingsorten.

»Heiliger Bimbam«, sagte ich und vergrub den Kopf in meinen Händen.

»Ich glaub's nicht!«, flüsterte ich mit schwacher Stimme.

Ausreißer

Lieblingsorte
(je heller der Punkt, desto aktueller)

14.

Wendy studierte das Ergebnis. Langsam und eingehend, um den Schlag ein wenig zu dämpfen.

Schließlich sagte sie: »Tut mir leid, Schatz.«

»Neeeein!«, heulte ich. »Das muss ein Fehler sein!«

Aber das war kein Fehler.

Tibby hatte sich nicht in der Antarktis herumgetrieben, in keiner Großstadt Pennsylvanias und nicht im australischen Outback.

Nein.

Die Masterkarte zeigte eindeutig Tibby-Spuren, die ein paar Häuser weiter endeten, wieder und wieder. Zehn Häuser!

Zehn!

»Ich kapier das nicht!«, flüsterte ich keuchend wie ein Tuberkulosekranker. »Das sind schreckliche Neuigkeiten.«

»Das wolltest du doch«, sagte Wendy. »Herausfinden, wo er war.«

»Schon, andererseits auch wieder nicht.«*

»Er war immer in der Nähe – ist das nicht tröstlich?«

Wendy wandte sich vom Computer ab und lehnte sich zu mir. Sie neigte den Kopf und öffnete die Augen weit, um mir zu signalisieren, dass sie geduldig und freundlich sein würde – aber nicht unendlich lang.

---

*Handbuch des Privatdetektivs: Nimm keinen Fall an, wenn der Auftraggeber unwillig oder unfähig scheint, erniedrigende, widerwärtige oder erschütternde Ergebnisse zu akzeptieren.

»Aber er muss mich jeden Abend rufen gehört haben!«, nölte ich. Wendy verstand noch immer nicht. Ich beharrte: »Es ist, als würde ich dich anrufen, du siehst am Display, dass ich dich sprechen will, und weist den Anruf ab.«

»Ähm …« Wendy schaute betreten. Manchmal machte sie genau das.

»Na gut, es ist, als hättest du meinen Anruf abgewiesen und dann eine SMS von mir bekommen, dass ich unter einem Zug stecke und dass das linke Rad auf meinem Ellbogen steht und ich sofort einen Arzt brauche und du würdest meine Anrufe trotzdem weiter ignorieren.«

»Ist es das?«, fragte sie. »Ist es so?«

Ja, war es. Es fühlte sich an, als steckte ein Monster seine haarige Hand in meinen Brustkasten, risse mir das Herz heraus und trample darauf herum.

15.

Als ich mich ein wenig beruhigt hatte, sahen wir uns die Karte genauer an. Eindeutig. Tibby hatte sich ganz in der Nähe herumgetrieben. Aber wo genau? Drei Häuser unserer Straße kamen infrage. Da deren Gärten rückwärtig wiederum an drei Gärten grenzten, mussten wir insgesamt sechs Häuser in Betracht ziehen. Wendy markierte diesen Bereich als »verdächtiges Gebiet«.

»Wir sollten an alle Türen klopfen«, sagte Wendy. »Wir reden direkt mit den Leuten, stellen Fragen und bekommen Antworten.«

Wendy hatte sich in den vergangenen Monaten verändert. Vorher hatte sie mit Katzen nicht viel am Hut gehabt, jetzt mochte sie Katzen. Bald würde sie eine ausgesprochene Katzenliebhaberin sein. Sie stand jetzt voll hinter meiner Suche. Trotzdem sträubte ich mich vehement gegen ihren Plan. Wir waren der Lösung ganz nahe, jetzt durften wir es nicht mehr verpatzen.

»Wir haben nur eine Chance, die Schurken zu erwischen. Sonst besorgen sie sich Anwälte und sagen kein Wort mehr.« Offenbar hatte ich seit meinem Unfall zu viel ferngesehen. Ich war nun Fachfrau für das Verhalten Krimineller.

»Was tun wir dann als Nächstes?«, fragte Wendy.

»Wir machen sie nervös«, kündigte ich finster an. »Wir üben komplexen psychologischen Druck aus.«

Wendy beugte sich interessiert vor.

»Erzähl«, drängte sie.

Ich hielt inne, um ihr Zeit zu geben, es sich bequem zu machen. Ehrlich gesagt, machte ich eine dramatische Pause. Dann sagte ich: »Wir schreiben ein Flugblatt.«

Wendy starrte mich lange an.

»Ein Flugblatt? Wie die zahllosen Flugblätter, die ich in den Wochen eingeworfen und aufgehängt habe, als Tibby verschwunden war?«

»Genau!«, rief ich, froh, dass sie mich verstand. »Wir schreiben ein Flugblatt für diese sechs Häuser und werfen es ihnen in die Briefkästen.«

»Und wo genau setzt der komplexe psychologische Druck ein?« Sie sprach langsam und deutlich, als wäre ich nicht nur bescheuert, sondern auch noch taub.

»Überlass das nur mir«, sagte ich. »Du wirst schon sehen.«

16.

Ich schrieb folgenden Text:

> Lieber Nachbar, vielen Dank, dass du meinen Kater Tibby fütterst. Mich würde interessieren, was er frisst. Bei mir ist er nämlich verdammt heikel. Hast du ihn fünf Wochen lang gehabt?
> [Hier ein süßes Bild von Tibby.]
> Bitte ruf mich an. [Hier unsere Telefonnummer.]
> Caroline

Wendy runzelte die Stirn. Nach einer Weile sagte sie, ich klänge wütend.

»Ich bin ja auch wütend«, antwortete ich.

Aber ich willigte ein, noch mal neu anzufangen.

> Lieber Nachbar,
> vielleicht erinnerst du dich, dass mein Kater Tibby diesen Sommer entlaufen war. Du hast dazu ein Flugblatt bekommen.

Wendy: »Lass das weg. Es klingt anklagend und aggressiv.«

Also flog der Satz raus.

> Glücklicherweise kam er nach fünf Wochen wieder, gesund und munter. Seitdem isst er aber nicht mehr bei uns. Aufgrund von GPS-Daten habe ich guten Grund zur Annahme, dass er sich in deiner Gegend herumtreibt und möglicherweise sogar frisst.

Wendy: »Streich das mit dem GPS. Du klingst wie ein Stalker.

Ich: »Ich bin kein Stalker! Ich bin Katzenhalterin!«

Nach heftigem Kampf setzte ich mich durch, und der Satz blieb drin.

> Ich schätze es wirklich, wenn du dich um ihn kümmerst. Und wenn er das Futter deiner Katze stiehlt, möchte ich mich dafür entschuldigen. Aber ich wüsste nur zu gern, welches Futter er mag, damit ich es ihm zu Hause geben kann. Du erkennst ihn an seinem blauen Halsband. Und am blinkenden GPS-Sender, der daran befestigt ist.

Lieber Nachbar,

vielleicht erinnerst du dich, dass mein Kater Tibby diesen Sommer entlaufen war.

Glücklicherweise kam er nach fünf Wochen wieder, gesund und munter.

Seitdem isst er aber nicht mehr bei uns.

Aufgrund von GPS-Daten habe ich guten Grund zur Annahme, dass er sich in deiner Gegend herumtreibt und möglicherweise sogar frisst.

Ich schätze es wirklich, wenn du dich um ihn kümmerst. Und wenn er das Futter deiner Katze stiehlt, möchte ich mich dafür entschuldigen. Aber ich wüsste nur zu gern, welches Futter er mag, damit ich es ihm zu Hause geben kann.

Wenn du etwas in dieser Sache weißt, könntest du mir bitte Bescheid geben?

Danke!

Deine Nachbarin,

Caroline Paul [Telefonnummer]

Dieses letzten zwei Sätze strichen wir dann wieder.

> Wenn du etwas in dieser Sache weißt,
> könntest du mir bitte Bescheid geben?
> Caroline Paul [Telefonnummer]

»Perfekt«, fand ich. »Freundlich, aber entschlossen.«

Wendy hatte ihre Zweifel. Aber ich beharrte darauf, jetzt sei der Augenblick gekommen, die Karten auf den Tisch zu legen. Jetzt war der Augenblick zu zeigen, dass ich so etwas wie Beweise hatte. Ich war kein durchgeknallter Stalker. Ich hatte GPS.

»Du klingst aber wie ein durchgeknallter Stalker«, entgegnete Wendy.

»Nimm einen hübsche Schriftart«, sagte ich.

Später am Nachmittag warfen wir je einen Flyer in die Briefkästen der sechs verdächtigen Häuser.

»Sehr bald wird jemand anrufen«, tönte ich. »Wart nur ab!«

17.

18.

Als sich auch nach fünf Tagen niemand gemeldet hatte, gab ich zu, dass mein Versuch unterbewusster Manipulation fehlgeschlagen war. Interessanterweise hatte Tibby aber wieder angefangen, daheim zu fressen.

»Aha!«, rief ich.

Selbst Wendy wirkte zufrieden.

Ich sagte: »Er frisst hier, weil er woanders plötzlich nichts mehr bekommt. Folglich ...«

»Folglich wissen wir, dass der Schurke in einem der Häuser wohnt«, beendete Wendy meinen Satz. Wir grinsten uns an.

Endlich ein Fortschritt.

Einige Tage später schlug Wendy erneut vor, direkt mit den Nachbarn zu reden. Wir sollten klopfen und die Person, die die Tür öffnete, geradeheraus fragen, ob sie Tibby erkenne.

»Ich höre, was du sagst«, antwortete ich und schenkte ihr ein Lächeln. (Ich verhielt mich, als wären wir in einer Eheberatung.) »Und ich respektiere dich und die Gedanken, die du dir gemacht hast.«

Wendy lächelte zurück, ließ sich aber nicht hinters Licht führen. Sie wusste, ich würde ihren Vorschlag ablehnen.

Ich: »Das funktioniert nicht. Wir sind hier in der Stadt. Niemand öffnet die Tür, außer er erwartet ein Päckchen.«

Im Großstadtdschungel, erklärte ich, läuten folgende Menschen an Türen:

1. Trickbetrüger mit Benzinkanister, die eine Geschichte von einem Auto, einem leeren Tank und der Versprechen, alles zurückzuzahlen, erzählen.
2. Umweltschützer mit fettigen Haaren, Klemmbrettern und Infobroschüren, die Spenden für Wale und Bäume aus dir rauszuleiern versuchen.
3. Räuber.

Kurz, wenn jemand an deiner Tür läutete, kannte er weder deine Telefonnummer, deine E-Mail-

Lieber Nachbar,
MEIN Kater Tibby (DIESE KATZE)
WAR DIESEN SOMMER FÜNF
WOCHEN LANG VERSCHWUNDEN.
JETZT IST ER WIEDER DA,
ABER er frisst NICHT ZUHAUSE.
BITTE RUF MICH DOCH AN, DAMIT
1) ICH DIR DANKEN KANN UND
2) HERAUSFINDE,
WAS ER GERN FRISST.
Kannst du mir helfen?
VIELEN DANK!
LIEBE GRÜSSE
* CAROLINE PAUL *
[redacted]

Adresse oder deinen Twitternamen. Warum sollte man mit so jemandem sprechen?

Wendy hörte mit der üblichen Geduld zu und hob dann eine Augenbraue.

»Hast du Angst, mit deinen Nachbarn zu reden?«, fragte sie.

Ich schnaubte verächtlich. »Angst? Angst? HA!«

Wendys Augenbraue blieb oben.

»Ich habe keine Angst«, protestierte ich. »Nur einen besseren Plan.«

Der Plan war einfach und elegant. Tibby selbst sollte die Nachbarschaft abklappern! Schließlich wusste er am besten, wohin er immer ging. Wir würden ihm eine Nachricht ans Halsband machen: *Lieber Nachbar, fütterst du meine Katze? Falls ja, ruf mich doch bitte an, damit ich dir danken kann.*

»Schau, ich tu so, als ginge es mir ums Futter«, sagte ich stolz.

»Sehr clever«, murmelte Wendy.

Wir laminierten die Nachricht mit durchsichtigem Klebeband und befestigten sie an Tibbys Halsband. Wir öffneten die Tür zum Garten und beobachteten Tibby, wie er verschwand.

19.

(IMMER NOCH STUMM)

20.

Wenn jemand mich gefragt hätte, wie meine Nachbarschaft so sei, hätte ich vielleicht »nett« oder sogar »familienfreundlich« gesagt. Ich hätte das aber schlecht belegen können. In Wahrheit hatte ich nämlich kaum Kontakt mit meinen Nachbarn. Wir winkten uns aus unseren Autos heraus zu, wie Königinnen, sprachen unhörbare »Hallos«, grinsten breit – und fuhren in unsere Garagen oder auf die Straße hinaus. Hin und wieder traf man jemanden auf dem Bürgersteig, etwa wenn er die Mülltonnen hinausstellte. Dann tauschte man ein paar Freundlichkeiten über die Mülltonne, das Wetter, dies und jenes aus. Im Grunde waren meine Nachbarn Fremde mit vertrauten Gesichtern.

Ich lebte seit zwanzig Jahren hier.

TYPISCHES
BEWEGUNGSMUSTER
VON NACHBAR A.

TYPISCHES
BEWEGUNGSMUSTER
VON NACHBAR B.

TYPISCHES
BEWEGUNGSMUSTER
VON NACHBAR C.

Ich hatte eingewilligt, heute das »verdächtige Gebiet« zu besuchen. Aber ich plante keineswegs, dort jemanden anzusprechen. Ich wollte nur die Lage ausbaldowern: Ein guter Schnüffler macht sich mit der Umgebung vertraut, bevor er den Täter stellt.

Ich redete daher wie Magnum – hatte aber etwa den Mumm eines Chihuahuas.

Wendy verstaute mich und meine Krücken im Auto, dann fuhren wir langsam den Block hinunter, wie Polizisten auf Streife. »Hier«, sagte ich. Wir fuhren rechts ran und starrten die drei Häuser an, die das GPS uns angezeigt hatte.

Wendy sagte: »So, und jetzt klopfen wir an!«

Man hatte mich hintergangen!

»Nein«, rief ich.

»Wovor fürchtest du dich?«, fragte sie.

»Fürchten? Ha!«, blaffte ich. Und bettelte mit dünnem Stimmchen: »Lass uns doch einfach schauen.«

Also stiegen wir aus und schauten. Es folgte erregtes Flüstern.

»Lass uns klingeln. JETZT!«, flüsterte Wendy.

»Und unseren Vorteil aus der Hand geben?«, winselte ich.

»Welchen Vorteil?«

»Den ... äh ...«

Was ich ausdrücken wollte: Ich gehe auf Krücken, ich bin schwach, unansehnlich, unbeholfen. Warum sollte ich in derart geschwächtem Zustand mit meinen Nachbarn reden? Ich spreche ja nicht mal mit ihnen, wenn es mir gut geht. Ja, ich hatte alles Mögliche unternommen, um meinen Katzen näherzukommen, doch die Menschen um mich herum hielt ich lieber auf Distanz.

Erbärmlich, aber wahr: Tibby kannte meine Nachbarn besser als ich. Er wusste, wie ihre Zäune aussahen, welche Möbel auf ihren Terrassen standen, ob sie mit Pflanzen umgehen konnten, worum sie sich mit ihren Partnern stritten, wann sie aufstanden, wann sie schlafen gingen. Er kannte ihre Kinder, ihre Hunde, den Geruch ihrer Mahlzeiten.

So gingen wir auf und ab; ich den Kopf schüttelnd und zu den Fenstern hochsehend, Wendy ermunternd auf mich einflüsternd. Sie trieb mich an wie ein Boxtrainer seinen Champ vor dem Gong. Jetzt würde sie mir gleich Vaseline ins Gesicht schmieren und Kleenex in die Nase stopfen.

Schließlich gab ich nach.

Wendy läutete an einer Tür. Wir blickten durch das Gartentor zum Haus.

Ich wollte schon sagen, »da macht keiner auf«, als sich etwas rührte.

Der Mann schien nackt. Er lugte aus einer Seitentür. Ich erkannte in ihm den Anzugträger, der jeden Abend seinen hoch aufgeschossenen Dobermann Gassi führte. Jetzt konnten wir nur seinen nackten weißen Oberkörper sehen, der Rest war hinter der Tür verborgen. Verblüfft standen Wendy und ich da. Doch er schien nicht unfreundlich.

»Hallo«, rief ich aufgesetzt freundlich. Ich war mir sicher, er würde:

A. eine Waffe ziehen,

B. uns zurufen, es woanders mit unseren Benzinkanistern zu versuchen,

C. uns mit etwas verprügeln, das er in der Tasche hatte – vorausgesetzt, er trug überhaupt etwas, sonst konnte er ja schlecht was in der Tasche haben.

Nichts davon geschah. Er musterte uns erwartungsvoll. »Ja?«

Ich räusperte mich und hob Tibbys Foto hoch. »Ich suche meine Katze. Na ja, nicht im Moment. Aber ich würde gern wissen, ob Sie sie gesehen haben.«

Das Gesicht des Manns entspannte sich. Er stellte sich noch einmal vor – er hatte mir seinen Namen mal genannt, aber ich hatte ihn längst vergessen. Er wohnte schon länger als ich in der Gegend, 30 Jahre.

Mr. Nacktfrosch besah sich das Foto und erklärte, Tibby nie gesehen zu haben. Er erinnerte sich an das Flugblatt. Nein, Katzen streunten wegen der Hunde kaum je über sein Grundstück. Aber der Bewohner des übernächsten Hauses habe eine Katze, vielleicht wisse er ja was.

»Das war einfach«, flüsterte ich Wendy zu, als sich die Tür hinter Mr. Nacktfrosch geschlossen hatte.

»Das war nett«, pflichtete sie mir bei. »Probieren wir es jetzt bei dem Nachbarn mit der Katze.«

Ich war mir sicher, dass diesmal niemand aufmachen würde – wie wahrscheinlich war das denn? –, doch nach einigen Augenblicken öffnete sich auch diese Tür einen Spalt weit und Mr. Katzenhalter musterte uns mit dem gleichen fragenden, ein wenig argwöhnischen, aber durchaus freundlichen Blick, den wir schon von Mr. Nacktfrosch kannten. Und er trug Kleidung! Ich erklärte, dass wir nach der Person suchten, die meine Katze fütterte. Dabei tat ich, als ginge es nicht um eine üble Straftat, sondern als wäre ich froh, ja überglücklich, dass jemand Tibby versorgte. Begeistert! Bis Wendy mich mit dem Ellbogen anstupste und flüsterte: »Er hat's kapiert!«

Mr. Katzenhalter meinte, wir hätten den Falschen erwischt, der Typ in der Wohnung unter ihm habe Katzen, die er aber ausschließlich in der Wohnung halte. Dass der fremde Katzen füttern würde, hielt Mr. Doch-nicht-Katzenhalter für unwahrscheinlich. Dann deutete er in Richtung seines Gartens und erzählte, Russell im Grundstück dahinter halte Katzen. »Wollen Sie's da mal probieren?«

Bei der unteren Wohnung im Haus von Mr. Doch-keine-Katze machte niemand auf. »Siehst du«, flüsterte ich. »In der Großstadt gehen die Leute nicht einfach an die Tür, wenn es klingelt.« Doch Wendy sah mich vernichtend an, und ich hielt meine Klappe. Wir fuhren um den Block und klingelten bei Russell, beim nächsten Haus und beim übernächsten. Aber wir hatten all unser Glück verbraucht. Niemand machte auf. Zumindest hatten wir einen Teil des verdächtigen Gebiets abgehakt.

»Morgen ist Samstag«, sagte Wendy. »Das ist deine Chance.«

»Ich bin bereit«, antwortete ich.

Der Tag war sonnig und warm. Ich wählte ein Outfit, in dem ich aussah wie eine Elternbeiratsvorsitzende unterwegs zum Bioladen, atmete tief durch und zog los, meine Nachbarn auszuforschen.

Mir war nie aufgefallen, wie lebhaft es in unserer Straße mitunter zuging. An diesem herrlichen Tag wurden Garagen gesäubert, Hunde Gassi geführt und Kinderwägen Richtung Park geschoben wie in einem aufwendig inszenierten bürgerlichen Stück. Ich atmete ein letztes Mal tief durch, suchte in meiner Ausredenliste nach einem guten Grund, die Sache aufzugeben und wieder ins Bett zu gehen, fand keinen und humpelte in Aktion.

Die Krücken erwiesen sich als nützliche Hilfe: Wenn ich Menschen grüßte, hielten sie an, schauten überrascht, kamen näher und schienen bereit, mir Türen zu öffnen, Einkaufstaschen zu tragen oder einen Krankenwagen zu rufen. Jedem zeigte ich das Foto von Tibby und erzählte meine komplizierte Geschichte in der Kurzversion. Katze weg! Katze wieder da! GPS! Ich schloss so: Offenbar habe er sich hier herumgetrieben. »Haben Sie ihn gesehen?«

Anfangs hatte ich kein Glück. Niemand erkannte Tibby wieder. Aber ich führte sehr freundliche Gespräche mit mitfühlenden Menschen, die beim Anblick des Fotos ausriefen »Wie süß!« und die meiner rührseligen Geschichte interessiert lauschten.

Hallo Alastair! Hallo Daphne! Hallo John! Hallo Lorraine! Dank Tibby kannte ich sie nun alle. Endlich hatte ich mal mit meinen Nachbarn geredet! Allerdings hatte keiner von ihnen Tibby gesehen, auch wenn er laut GPS über Monate hinweg jeden Tag durch ihre Gärten gelaufen sein muss. Menschen, so viel wurde klar, nehmen nicht viel von dem wahr, was um sie herum vorgeht.

Schließlich machte Alastair einen Vorschlag. »Du könntest es dort probieren«, sagte er und deutete auf ein Haus, das ich oft gesehen hatte. Es lag mitten im Zentrum der GPS-Aktivität.

»Ach so?«, fragte ich.

»Ja. Vorübergehend hatten die Leute 15 wilde Katzen aufgenommen. Echte Katzenfreunde!«

Oder Katzendiebe, dachte ich.

Es gab keine Türklingel und keine Möglichkeit, an das eiserne Tor zu klopfen, also blieb ich erst mal am Gehweg stehen und kratzte meinen Mut zusammen. Dann rief ich.

»Juhuuu! Hallo?«

Keine Antwort, keine Bewegung im Haus erkennbar. Ich wartete trotzdem. Ich hatte einen tollen Vormittag unter Nachbarn verbracht, und »Juhuu« schien mir genau der passende Ausdruck dafür. Ich musste nicht lang warten. Die Eingangstür ging auf, und es erschien ein kugelrunder Mann mit Nikolausbart in Pyjamahose und T-Shirt. Er kam zum Tor und musterte mich.

»Ja?«

Ich hielt Tibbys Foto hoch.

»Ich kenne diese Katze.«

Ganz aufgeregt kam ich wieder nach Hause. »Ich habe die Schurken!«, rief ich Wendy zu. »Sie heißen _______ und _______!* Sie leben im verdächtigen Gebiet! Sie hatten mal 15 wilde Katzen! Sie geben zu, Tibby gefüttert zu haben! Wahrscheinlich haben sie ihn in den Schrank gesperrt! Er hatte echt Glück, dass er entkam!«

* Sie bleiben ungenannt, weil jeder als unschuldig zu gelten hat, bis ihm das Gegenteil bewiesen ist. Im Folgenden nenne ich sie einfach die »Katzendiebe«.

Gelassen und vernünftig wartete Wendy das Ende meiner Tirade ab. Dann sagte sie: »Laden wir sie doch zum Tee ein und hören wir uns an, was wirklich passiert ist.«

21.

Wenn Katzendiebe zum Tee kommen, putzt man vorher das Haus, kauft Bagels und Frischkäse und plant, wie man seine Gäste in Widersprüche verwickelt. Man erstellt eine Liste von Fragen, die die Wahrheit unweigerlich ans Licht bringen werden.

1. Als ihr Tibby aufgenommen, ins Haus gebracht und dort fünf Wochen lang eingesperrt habt, habt ihr euch da je gefragt, warum er ein Halsband trägt, auf dem ein Name, eine Adresse und eine Telefonnummer stehen?

2. Habt ihr je einen möglichen Zusammenhang zwischen dem Namen auf dem Halsband und der tränenerstickten Frauenstimme hergestellt, die jeden Abend »Tibby« rief, wieder und wieder?

3. Wenn Tibby traurig und abgeschlagen wirkte, weil er seine Besitzerin vermisste, habt ihr

a. ihm dann das Gehirn gewaschen?
b. ihm Junkfood gegeben, damit er seine Sorgen vergaß?
c. dann ihn und die Tatsachen ignoriert?
d. alles obige getan?

Wendy mahnte mich, diese Fragen nicht zu stellen.

»Sei nett«, sagte sie. »Erwiesen ist noch gar nichts. Bis jetzt haben die GPS-Tracks gesprochen, die Kamera, Tibbys Bild, die Nachrichten, Flugblätter, Haustier-Detektive. Sollten jetzt nicht mal unsere Nachbarn zu Wort kommen?«

Aber ich machte mir ein paar Notizen:

Kinder im Haus (laut Hellseherin vorhanden)?

Adresse und Telefonnummer auf Tibbys
Halsband – lesbar?
DREI FLYER IM BRIEFKASTEN!
Erklärung?
Verschiedene Objekte, die von Tibbys
Halsband hingen – Kommentare?

Wendy besah sich die Liste und versprach, diese Punkte anzusprechen. Sie mahnte mich aber, mich nicht einzumischen, die Befragung würde allein sie führen.

Die Katzendiebe kamen zum Tee. Ich beäugte sie misstrauisch. So sahen sie aus:

KATZENDIEB A

KATZENDIEB B

Ja, sie wirkten nett. Sie hatten sogar ein Geschenk dabei: ein Bündel frischer Katzenminze aus ihrem Garten.

Wendy bedankte sich herzlich, doch ich ließ mich nicht täuschen. Katzenminze im Garten anzubauen war doch, als würde man fremden Kindern Süßigkeiten anbieten.

Die Katzendiebe freuten sich, Tibby zu sehen, der auf der Couch lag und den Kopf hob, als sie näher kamen. Aha! Jetzt würde die Wahrheit ans Licht kommen! Tibbys Katzengehirn lief auf Hochtouren. Wo hatte er die zwei bloß schon mal gesehen? Sobald er sich an seine Geiselnehmer erinnerte, würde er sicher davonlaufen.

Er ließ sich streicheln.

Katzendieb A muss mein verblüfftes Gesicht gesehen haben. »Katzen lieben mich«, sagte er. »Egal, wo ich hingehe, wenn ich mich hinsetze und es ist eine Katze in der Nähe, kommt sie her.«

»Und so kam auch Tibby?«, fragte Wendy freundlich. Sie warf mir einen Blick zu um sicherzustellen, dass ich auch zuhörte. Das waren keine Katzendiebe, sagte ihr Blick. Das waren Katzenflüsterer.

Sie erzählten Folgendes:

Tibby war eines Tages im letzten Sommer aufgetaucht. Er hatte in den Büschen abgewartet, bis die anderen Streuner das Futter gefressen hatten, das die beiden regelmäßig hinausstellten. Erst dann kam er näher. Nein, sie hatten ihn nie ins Haus geholt oder auch nur gestreichelt. Tibby war immer geflohen, bevor sie ihm zu nahe kamen. Eine Adresse auf dem Halsband hatten sie nie bemerkt, dafür hielt Tibby zu großen Abstand. Ja, später war ihnen ein blaues Kästchen unter seinem Kinn aufgefallen. Nein, sie hatten keine Kinder. Sie hatten nicht mitbekommen, dass ich Tibby suchte. Sie dachten, er komme nur zum Fressen.

Und was war mit den drei Flugblättern in ihrem Briefkasten?

Hatten sie nie gesehen.

Kein einziges?

Nein.

Auch die Katzendiebe rätselten, wie das passieren konnte, und befanden schließlich, der Mieter der Erdgeschosswohnung müsse sie weggeworfen haben, bevor er die Post hinaufbrachte.

Konnte das wirklich des Rätsels Lösung sein? Konnte die Antwort tatsächlich so einfach sein? Eine furchtsame Katze, ein nicht lesbares Halsband, ein übereifriger Mieter?

Wir hatten ja vereinbart, dass ich keine Fragen stellen würde, vor allem keine anklagenden. Aber ich konnte mich nicht mehr beherrschen.

»Wenn er aber nicht bei euch geschlafen hat, wo dann?«, fragte ich. »Zu Hause nämlich nicht.«

»Ich tippe, er hat bei uns gefressen und dann in der verfallenen Banja im Nachbargarten geschlafen«, sagte die Katzendiebin. Früher hätten viele Russen in der Gegend gewohnt, und bis heute fänden sich gelegentlich vom Unkraut überwucherte Überreste von Banjas, russischen Saunas, in den Gärten.

Ich hörte kaum zu. Stattdessen erstellte ich eine geistige Checkliste. Sie hatte zwei Spalten mit den Überschriften »durchgeknallt« und »nicht durchgeknallt«. Unter »durchgeknallt« hatte ich schon mehrere Einträge:

Füttern streunende Katzen ☑
Bauen im Garten Katzendrogen an ☑
Vermieten an unzuverlässigen Typen ☑

»Er muss in der Banja geschlafen haben«, stimmte der Katzendieb zu. »Das machen viele Katzen.«

Tibby hatte in einer gemischten Sauna übernachtet? Das war zu viel!

DIE
BANJA

»Hattet ihr nicht mal 15 Katzen?« rief ich und warf Wendy einen triumphierenden Blick zu.

Der Blick sagte: »Verrückte Katzenleute!«

Und er sagte: »15 Katzen!«

Was er eigentlich sagte, war: »Solchen Leuten dürfen wir nicht trauen.«

»Allerdings«, bestätigte die Katzendiebin. »Bei einer Nachbarin lebte eine wilde Horde Katzen im Garten. Sie sprach nur Russisch, war sehr alt, halbblind, völlig taub und sehr menschenscheu. Schließlich konnten wir sie dazu überreden, uns ihre jungen Kätzchen zu bringen. Wir verbrachten drei, vier Wochen mit ihnen, spielten mit ihnen und suchten ihnen ein neues Zuhause. Manchmal weinte ich, wenn ein Kätzchen adoptiert wurde. Und wir sagten allen Adoptiveltern: ›Wenn ihr die Katze nicht mehr wollt, bringt sie zurück zu uns. Gebt sie nicht ins Tierheim.‹«

15 Katzen ☑

Sind mit blinder Einsiedlerin befreundet ☑

»Früher führten wir über jede Katze sogar eine Akte. Einmal vermittelten wir in einem Jahr 25 Katzenadoptionen«, ergänzte der Katzendieb.

Führen Akten über Katzen ☑

Blackie, Rippy, Nessie, Kbar, Elliott, Buford, Princess, Chloe, Jones – all diese Katzen und noch viele mehr hatten unsere Nachbarn entweder besessen oder zumindest betreut. Einen Kater hatten sie besonders geliebt, er hieß nach einer Romanfigur Lord Brandoch Daha. »Er streunte ständig. Also ging ich nach draußen, um nach ihm zu rufen«, erzählte der Katzendieb. »Die Leute müssen mich für einen durchgeknallten Christen gehalten haben, als ich so an der Straße stand und ›Lord, Lord‹ rief.«

Inzwischen besaßen sie nur noch eine einzige Katze, eine große, gemütliche Maine-Coon. Aber sie stellten weiter Futter hinaus, wegen der vielen heimatlosen und misshandelten Katzen.

Der letzte Satz gab mir einen Stich, den ich aber ignorierte.

»Was für Futter?«, fragte ich und dachte: mit Drogen versetztes?

»Friskies«, antworteten sie.

»Oh, Friskies«, sagte ich und sah Wendy vielsagend an. Was ich meinte: »Katzen sind total versessen auf Friskies.«

Friskies ☑

Unter »nicht durchgeknallt« blieb das Blatt verdächtig leer. Wenn man genau hinsah, stand dort in winziger Schrift:

Adoptieren herumirrende Katzen ☑
Geben streunenden Katzen und misshandelten Tieren Futter ☑
Kümmern sich um Einsiedler ☑

Ich weigerte mich, diese Spalte näher anzusehen. Lieber fügte ich auf der anderen Seite hinzu:

25 Katzen in einem Jahr ☑

Ich wusste, meine Vorwürfe waren an den Haaren herbeigezogen. Aber ich war gekränkt. Ich brauchte einfach jemandem, dem ich die Schuld für Tibbys Verschwinden geben konnte. Sonst hätte ich mich ja der Tatsache stellen müssen, dass Tibby bei mir etwas fehlte und er Geheimnisse vor mir hatte. Ich hatte ihn für pathologisch schüchtern, verschreckt, abenteuerunlustig gehalten. Aber nein, er gesellte sich zu Fremden und verbrachte seine Zeit in gemischten Saunas. Wenn ich mir einredete, die Katzendiebe seien schlicht durchgeknallt, konnte ich mir die ganze Angelegenheit noch irgendwie als Anomalie erklären. »Natürlich ergibt das alles keinen Sinn«, könnte ich meinen Freunden erklären. »Verrückte handeln einfach nicht vernünftig.« Und das wäre es gewesen.

»Es gibt da einen Kater, der kommt, draußen frisst und manchmal sogar ins Haus geht und dort Urin verspritzt«, erzählte die Katzendiebin. »Einmal schrieb ich eine Nachricht und band sie ihm um den Hals. Darin bat ich seinen Besitzer, sich besser um ihn zu kümmern und sich mit uns in Verbindung zu setzen.«

»Du hast ihm eine Nachricht um den Hals gehängt?« Alles Blut wich aus meinem Gesicht.

»Ja, warum?«

Erst jetzt ging mir auf, wie sehr ich mich verrannt hatte. All mein Ärger auf die zwei verpuffte. Meine Verleugnung legte sich in eine Ecke, betrunken und ohnmächtig. Meine Eifersucht verkroch sich unter einer Decke. Mein Misstrauen suchte das Weite und stieg verstohlen in einen Fernbus.

Ich riss das bisschen an Vernunft, das mir noch geblieben war, zusammen.

Die Katzendiebe waren gar keine. Sie waren Katzenfreunde. Sie kümmerten sich liebevoll um Tiere und gingen sogar so weit, ihnen Nachrichten um den Hals zu hängen. Wenn sie verrückt waren, waren sie katzenverrückt, ganz normal, ehrlich und aufopferungsvoll katzenverrückt.

Hängen Nachrichten an Halsbänder ☑

Sie waren genau wie ich.

22.

Wir hatten herausgefunden, was wir wissen wollten: Fünf volle Wochen lang hatte Tibby in der Nähe geschlafen, Junkfood gefressen, sich zu Streunern gesellt und meine Rufe ignoriert.

Aber warum?

»Das *ist* verwirrend, dass Tibby so lange wegblieb, so nah an zu Hause«, sagte die Katzenflüsterin.

»Er hatte sich ja nicht verlaufen«, bemerkte ich traurig. »Offenbar brauchte er eine Auszeit.«

Die Katzenflüsterer nickten mit wissendem Gesichtsausdruck. »Wenn es Katzen daheim nicht gefällt, ziehen sie einfach woandershin«, sagten sie und erzählten, so seien sie zu einem Kater namens Blackie gekommen. Sein Besitzer habe Schlangen gehalten, unter anderem eine große Anaconda, die frei im Haus herumkroch. Irgendwann habe es Blackie einfach gereicht, und er sei zu ihnen gezogen. Die Katzenflüsterer hätten ihn zwar heimgebracht, aber schon Stunden später sei er wieder da gewesen.

»Katzen wählen selbst«, sagte die Katzenflüsterin sanft.

»Aber ich habe keine Anaconda!«, wimmerte ich.

Unser Treffen war fast vorbei, da sagte Wendy: »Schade, dass wir so viel Zeit mit Technik verplempert haben, wo wir auch einfach mit unseren Nachbarn hätten reden können.« Betreten schaute ich zu Boden.

»Oh, ich war früher auch sehr schüchtern«, sagte der Katzenflüsterer und sah mich freundlich an. »Und dann wurde ich vor zehn Jahren Lehrer. Jetzt gehe ich durch das Viertel und rede mit den Leuten. Aber San Francisco kann sehr abweisend sein. Die Leute bleiben in ihren Häusern. Wir haben hier keine Veranden vor den Häusern, auf denen man herumhängen könnte. So wird es richtig schwer, Leute zu treffen.«

»Stimmt«, sagte ich und nickte meinen Nachbarn zu. »Jedenfalls bin ich froh, dass ich endlich mit Leuten geredet habe. Sonst hätte ich euch nie getroffen.«

Die Katzenflüsterer standen auf. Aber ein Umstand verwirrte mich noch immer: Fast unmittelbar, nachdem ich die letzten Flugblätter im verdächtigen Gebiet eingeworfen hatte, hatte Tibby wieder angefangen, daheim zu fressen. Konnte es sein, dass die Katzenflüsterer den Zettel doch gelesen hatten und, vom schlechten

Gewissen geplagt, die Fütterung einstellten? Ich fing schon an, die Frage in meinem Kopf zu formulieren.

Aber musste ich dieses Rätsel wirklich noch lösen? Schließlich stand fest, dass meine Katze aus freien Stücken abgehauen und weggeblieben war. Ich musterte die Katzenflüsterer. Ich runzelte die Stirn. Wenn sie unser Flugblatt doch gesehen hatten, durfte man ihre ganze Geschichte anzweifeln. Und dann ...

Meine Verleugnung reckte wieder ihr Haupt. Vielleicht war Tibby ja doch in die Antarktis gereist, hatte sich eine Rumspringa-Phase gegönnt oder war durch den Outback gewandert. Vielleicht war er festgehalten, gekidnappt oder einer Gehirnwäsche unterzogen worden.

Wendy sah mich an. Die Katzenflüsterer sahen mich an. Wendy muss meinen Ausdruck richtig gelesen haben, sie warf mir einen warnenden Blick zu.

Wozu war eine besessene Suche nach Wahrheit gut, wenn man kurz vor dem Ziel nachließ? Zu nichts. War das nicht meine letzte Chance, mich mit eingegrabenen Fingernägeln an der Katze festzuhalten, die ich zu kennen geglaubt hatte? Ja. Nur die Wahrheit zählte. Und so ging ich tief in mich und fand die Wahrheit.

»Danke, dass ihr Tibby versorgt habt«, sagte ich. »Vielen, vielen Dank!«

23.

Damit endete Operation Tibby offiziell. Wir sammelten das GPS-Gerät, die CatCam, meine Notizen zum Haustier-Kommunikationsseminar, die Flugblätter und die laminierte Botschaft, legten alles in eine Kiste mit der Aufschrift »Tibia-Zeugs« und stellten sie in ein Regal.

Blieb nur noch eine offene Frage: Warum war Tibby überhaupt fortgelaufen?

Ich beschloss eine letzte Aktion. Vielleicht würde ich die Antwort ja in der Banja finden.

Ein Laster parkte vor dem großen Haus, hinter dem die sagenumwobenen Ruinen lagen. Ich klingelte an der Tür und wartete. Und wartete. Aber niemand machte auf. Was für eine eiskalte Stadt, dachte ich, als plötzlich ein Auto vorfuhr. Ja, der Fahrer wohnte hier. Die Banja? Klar, würde er mir gerne zeigen. Er schloss das Tor auf, und wir stiegen eine kurze Treppe hoch, die seitlich am Haus entlang führte. Auf dem Absatz blieb er stehen und deutete auf etwas, das wie ein vergammelter Werkzeugschuppen aussah.

»Das ist sie.«

Die Banja war wirklich ein Katzenparadies. Die Wände wiesen opossumgroße Löcher auf, durch die man hinein- und hinausschlüpfen konnte. Drumherum wucherte wildes Gestrüpp. Es war eine ganz eigene Welt, ein Relikt aus vergangenen Zeiten, vom Menschen vergessen, für Tiere perfekt.

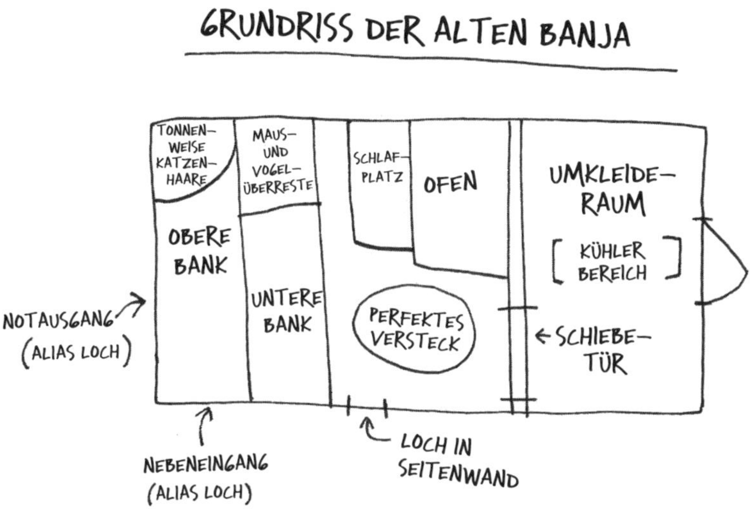

Die Banja war so aus der Welt gefallen – mitten in der Stadt im Dickicht gelandet wie ein abgestürztes Raumschiff –, dass ich mir einen Augenblick lang einreden konnte, Tibby hätte mich hier all die Wochen nicht rufen gehört. Vielleicht umgab wirklich eine überirdische Aura diesen Ort. Das dichte Gestrüpp dämpfte Geräusche sicher. Aber dann ging auf der Straße ein Autoalarm los, und das durchdringende Hupen riss mich jäh aus meinen Träumereien. Ich bedankte mich bei dem Mann und ging heim.

Ich brauchte mir die Karten auf dem Computer gar nicht mehr neu ansehen. Ich musste mir die Fotos nicht mehr vornehmen. Ich brauchte nicht mal ein Gespräch von Mensch zu Tier. Die Wahrheit strahlte hell wie die pinkfarbene Katzenspur auf den GPS-Karten: Tibby wollte einfach nicht zu Hause sein.

Jede längere Beziehung kennt Höhen und Tiefen. Im vergangenen Sommer hatten wir offenkundig einen Tiefpunkt erreicht. Über Monate hinweg lag ich mit fettigen Haaren, glasigem Blick und Katheter auf der Couch. Depression drang mir aus allen Poren. Jeder spürte, dass ich Schmerzen litt. Fibby, immer besitzergreifend wenn ich zu Hause war, zischte Tibby ständig an. Besucher kamen und gingen, brachten Schokolade und Mitleid. Mitglieder meiner

Familie blieben wochenlang und versorgten mich. Tibby hatte es einfach gereicht.

Manchmal enden Beziehungen an solchen Gabelungen. Aber manchmal erholen sie sich wieder. Da erkannte ich: Der entscheidende Punkt war nicht, dass Tibby verschwunden war.

Der entscheidende Punkt war, dass er wiederkam.

24.

Jede Suche ist eine Reise, und jede Reise ist eine Geschichte. Und jede Geschichte wiederum hat eine Moral.

Hier sieben Möglichkeiten zur Auswahl:

1. Was die Technik alles kann! Sie ist die Zukunft. Computer, GPS, CatCams. Kauf beim nächsten Mal das Gadget, das Pizza bestellt, Hemden bügelt und auch als Schreckschusspistole dient.

2. Verlass dich nicht auf Technik. Sie taugt für manche Dinge, aber in unserer Geschichte erwies es sich am nützlichsten (und nettesten), mit den Nachbarn zu reden. Für künftige Suchaktionen empfehlen wir die älteste Technik von allen: den Stimmband-Zunge-Kiefer-Apparat.

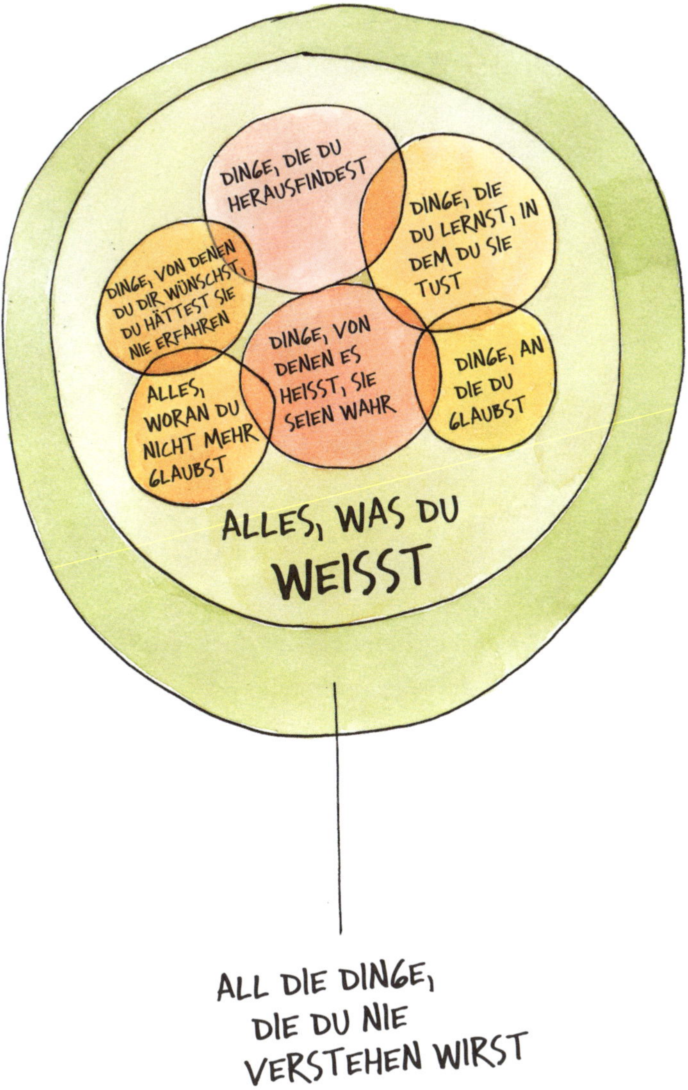
DINGE, DIE DU HERAUSFINDEST
DINGE, DIE DU LERNST, IN DEM DU SIE TUST
DINGE, VON DENEN DU DIR WÜNSCHST, DU HÄTTEST SIE NIE ERFAHREN
DINGE, VON DENEN ES HEISST, SIE SEIEN WAHR
DINGE, AN DIE DU GLAUBST
ALLES, WORAN DU NICHT MEHR GLAUBST
ALLES, WAS DU WEISST
ALL DIE DINGE, DIE DU NIE VERSTEHEN WIRST

3. Ich hatte mal eine Depression, dann ging ich in die Welt hinaus. Danach war ich nicht mehr deprimiert, nur noch normal meschugge.

4. Ob jemand meschugge ist, ist Ansichtssache.

5. Über kurz oder lang wird jeder zum Katzenliebhaber. Fragt nur Wendy.

6. Man kann seine Katze nicht kennen. Man kann überhaupt niemanden so vollständig kennen, wie man es sich wünscht.

7. Aber das ist okay, Liebe ist besser.

Unser Haushalt kam wieder zur Ruhe. Endlich konnte ich die Krücken wegstellen. Wendy zog fest ein. Und Tibby zeigte keinerlei Wanderlust mehr. Er kam und ging weiter, wie es ihm passte, doch er blieb nie länger weg. Meistens schaffte er es gerade noch unter einen Gartenstuhl, wo er gähnte, sich streckte, die Augen schloss und stundenlang schlief. Wovon er dann träumte, würde ich nie erfahren, und das war auch okay so. Ganz allmählich gewöhnte er sich daran, die einzige Katze im Haus zu sein, der einzige Empfänger von Streicheleinheiten, Koseworten und klammernder Liebe. Offenbar gefiel ihm das sogar.

Und er bekam regelmäßig Friskies.

Kürzlich erklärte Wendy, sie wolle zwei Kätzchen, und zwar aus dem Tierheim. Tibby, inzwischen mit 14 Jahren steinalt, würde ein wenig junge Gesellschaft guttun.

»Zwei Kätzchen!«, rief sie mit leuchtenden Augen. »Bitte!«

»Bist du dir da sicher?«, fragte ich.

Ich mahnte sie, sie würde sich da auf ein Abenteuer mit Liebe, Eifersucht und völliger Fassungslosigkeit einlassen.

Sie versicherte mir, damit komme sie klar. Sie stimmte mir zu, man könne seine Kätzchen nie wirklich kennen. Aber sie habe aus der Operation Tibby das Fazit gezogen, dass Vertrauen das Wichtigste sei.

»Ich vertraue darauf, dass sie mich lieben, egal was passiert«, sagte sie, und in ihrem Gesicht sah ich all die Hoffnung und Begeisterung eines neuen Katzenbesitzers. Dass ihre Liebe gelegentlich auch enttäuscht werden wird, erfährt sie noch früh genug.

8. Vertrauen ist gut, aber dann gibt es immer noch GPS.

GPS

Tibia

1994–2012

Eine sehr brave Katze